10倍速く
書ける
超スピード
文章術

10倍写作术

［日］上阪彻 著

周佩 译

古吴轩出版社

图书在版编目（CIP）数据

10倍写作术 /（日）上阪彻著 ; 周佩译. -- 苏州 : 古吴轩出版社，2020.8
ISBN 978-7-5546-1579-9

Ⅰ. ①1… Ⅱ. ①上… ②周… Ⅲ. ①商务－应用文－写作 Ⅳ. ①F7

中国版本图书馆CIP数据核字（2020）第136086号

10 BAI HAYAKU KAKERU CHO SPEED BUNSYOU JYUTSU
by Toru Uesaka
Copyright © 2017 Toru Uesaka
Simplified Chinese translation copyright © 2020 by Beijing Bamboo Stone Culture Broadcast Co.ltd
All rights reserved.
Original Japanese language edition published by Diamond, Inc.
Simplified Chinese translation rights arranged with Diamond, Inc.
through Lanka Creative Partners co., Ltd. and Rightol Media Limited.

责任编辑：黄菲菲
策　　划：杨莹莹
装帧设计：夵　玖

书　　名：10倍写作术
著　　者：[日]上阪彻
译　　者：周　佩
出版发行：古吴轩出版社
　　　　　　地址：苏州市十梓街458号　　　　邮编：215006
　　　　　　电话：0512-65233679　　　　　传真：0512-65220750
出 版 人：尹剑峰
印　　刷：三河市金轩印务有限公司
开　　本：880×1230　　1／32
印　　张：7.5
版　　次：2020年8月第1版　　第1次印刷
书　　号：ISBN 978-7-5546-1579-9
**著作合同
登 记 号：**图字10-2020-242号
定　　价：42.00元

如有印装质量问题，请与印刷厂联系。0318-5302229

用倍速写作术帮助提高工作效率

　　"我一点也不擅长写作，写东西的时候觉得很痛苦。不管是邮件还是企划书，我都不想写。"

　　"每次写开头第一行，我都需要花费很长时间。"

　　"我写文章还不如我说话表达得清楚。"

　　"我写的东西总是被打回来重写，然后我花很长时间也写不完。"

　　"要求交几千字的报告，我怎么也凑不够字数，太痛苦了。"

　　本书就是帮助需要写文章的人解决这些烦恼的。

　　不管你是否擅长写文章，为了减少在写作的时候做无用功，我将会在本书中向大家**传授"迅速写完"**的技巧和方法。

这是一个处处都有商务活动的时代，这个时代比以往任何时代都更加需要"写作"。

邮件、报告、企划书、演讲稿；

公关文案、公司内刊、营业日报、会议记录；

博客、电子杂志、各种网络社交平台……

回顾一天的工作，你应该花了很多时间在"写"这件事上。

如果能**加快你的写作速度**，那么**你的工作速度自然也会变快**。

同样的内容，写得比现在快，**工作效率一下就提高了**。

我从事采访和写作工作多年，至今为止，已经采访了**超过 3000 人**。

这些采访对象，有上市公司的经营者、朝气蓬勃的创业者、实现重大突破的科学家、著名的经济评论家、经营顾问、体育运动员等。他们当中有很多人被称为"世界一流"。

从"写作"方面来观察他们的话，会发现一个共同点。

那就是**越会工作的人，写作的速度越快**。

邮件回复得很快，企划书也能在短时间内完成。

"尽可能用最快的速度写完，然后**把时间用在别的事情上**。"很多人是这样想的。

▶▶ 从"1 天 300 字"变成"1 小时 3000 字"

我之所以把"写"当成事业，是因为对广告撰稿人这个职业产生了兴趣。但我也不是一开始就能十分流畅地写作的。

初出茅庐时，我也曾为写 300 字的短文花了整整一天时间。

现在，我已成为一名自由撰稿人。

我工作的主要内容是撰写商务书籍，采访各界著名人士，然后，把他们的技能和想法介绍给有相关阅读需求的商务人士。

商务书籍一般是一本书 10 万字左右。

我写完这 **10 万字**平均只需要 **4 ～ 5 天**的时间。
这个速度可能会让您感到很吃惊。

我基本上每个月都要写 1 本书，一年 12 本。

多的时候，我**一年要写 14 本书**。

值得庆幸的是，我写的书基本上都很畅销。

当然我的工作不仅仅是写书。

我还在一些杂志和新闻网站上有专栏，在上面发表人物采访和一些企业报道，多的时候一个月发表超过 10 篇。

这些报道 1 篇 3000 ～ 7000 字，合计一个月约 5 万字，加上书的字数，我每个月要写 15 万字。

事实上，**3000 字的报道，我花 1 个小时**就能写完。

此外，我还要作为讲师在研讨会上登台演讲。我开办过图书作者的培训班"上阪彻的作家私塾"，为此，我还需要准备演讲资料。

遇到有魅力的人和企业，我有时也会自己为他们写企划书。

现在，我每天都在写文章，并以此为生。

在成为自由撰稿人的 **23 年**里，我**从没有一次逾期交稿**。

经常有人问我：

"你怎么可以做这么多工作？"

"为什么工作完成得那么快？"

对我来说，我的工作就是"写"，所以答案应该是"写得快"。

即使每个月接到很多工作，我也不会延期，就是因为写得快。

在出版界，拖稿不交或晚交的人可不少。

只有遵守截稿日期，才能与客户建立起信赖关系。

对我来说，"快速写作"是制胜的关键。

▶▶ 商务写作无须花过多时间斟酌文采

本书的目标是教你写**"易懂且有用的文章"**。

要怎样才能快速写出既可轻松阅读，又言之有物的文章呢？

我将在本书中首次介绍，我从多年工作经验中总结出的写作逻辑和技巧。

正在阅读本书的人，可能之前就读过同类型的教人"怎样写文章"的书。

"虽然读了好几本，但还是不怎么会写。"

"书上总是写着'你这样就能做到'，可是实际上我却没办法模仿。"

"果然，写文章还是需要才能的。"

其实，就算你有这样的感受，也不要紧。

因为在商务活动中使用的文章，一般**不追求文采**。

如果你是小说家或散文家，你当然需要有能够打动读者的动人文采，以及构思文章结构和展开方法的才能。

但是，在商务场合使用的文章中，你需要展现的不是"文章本身的魅力"。只要能将"对读者有用的内容"通俗易懂地告诉读者，就足够了。

其实，我本来也很不擅长写文章。

小学时我就害怕写作文，也不擅长阅读，直到我成为大学生，也没有读过几本课外书。熟悉我这些过往的同学们对我现在的职业感到很惊讶。

并且，到现在我也不认为自己的文章写得很棒，这绝不是谦虚。事实上，我本来就没有想过要写"好文章"。

我认为，即使我能写出人人称赞的美文，但是如果它们对提高读者的写作能力没有帮助的话，那也是毫无意义的。

所以，本书专为不擅长也不喜欢写文章的人打造，书中介绍的方法，你一定能够实践。

▶▶ 提高素材意识，10 倍速写出文章

你是不是经常听到别人夸一篇文章"内容丰富"？

我在本书中把"丰富的内容"称为"**素材**"。

大大提高写作速度的重要秘诀就是要有意识地使用素材。

素材意识指的是把你的思维**集中在"写什么"**上，而不是"怎么写"上。做到这点，你就可以把写作的速度提高 10 倍。

更重要的是，本书不仅介绍了快速写作的技巧，还介绍了提高写作速度的思考方法。

各章的末尾，逐条总结了马上就能使用的技巧，它们是"**快速写作的行为习惯**"。

最后的**实践篇**浓缩了全书的精华，以我写的各种文章为例子，具体介绍了实际的使用方法。

　　请务必认真学习本书，它将帮助你加快写作速度，提高工作效率。

　　　　　　　　　　　　　　　　　　　　　　　上阪 彻

目录

终　章　实践篇：分门别类·速写术

结　语

序 章

为什么写文章费时间呢?

要是应当写的东西没有经过明白而周到的思考,就不该动手写。

——尼古拉·加夫里诺维奇·车尔尼雪夫斯基

(俄国作家,代表作《怎么办?》)

为什么使用 LINE① 就可以轻松地写出来呢？

"在开始写之前，我感觉特别困难。"

"我本来就讨厌写文章。"

"不知道写什么，不知道该怎么写。"

"好几次被要求重写，一直写不完……"

似乎很多人都对写文章感到很头痛。

但是，我有一个问题：大家有没有用过即时通信软件 LINE 呢？

大多数人对使用 LINE 来进行沟通毫无抵触，需要表达的内容在 LINE 上几秒钟就可以写出来。

LINE 虽然有"聊天表情包"的便利功能，但基本上还是让人用文字来进行沟通。但是，从没听说过"用 LINE 聊

---

① LINE 是日本非常常用的一款即时通信软件，类似于中国的社交聊天工具微信。

天时写不出来内容,感到很为难"。

为什么在使用 LINE 时,我们可以毫不费力地快速用文字来表达呢?

这是因为不用写很长的文章。

另外最重要的是,用 LINE 沟通,**比起"表现力",更重视"谈正事"**。

所以不用烦恼,一瞬间就能写出来,很快就能进行交流。

而且,使用 LINE 交流的内容不是"好的文章",而是"必要的信息"。

▶▶ LINE 被人接受的理由

我曾经研究过 LINE 的开发背景。

2011 年 3 月发生了东日本大地震,震后每个人都非常想知道家人、亲戚、朋友们的安危。

当时 LINE 正处于开发阶段,受灾群众的需求影响了产品研发的思路。

虽然已经有了电话、邮件、SNS(社交网站),但是,"任何人都能使用的更简单方便的通信服务"这一想法,引导着项目开发。

目标是"简单地传递**信息**"。

并且"可以知道对方是否已经接收到信息"。

实际上，LINE 让用户不由自主地这样做。

互发信息的时候写长篇文章显然是不合适的。

不如发出简短的信息，通过"已读"的反馈，可以确认对方已经读了信息。

之后，使用 LINE 便成了风潮。

简明扼要地传递信息已经成为很普遍的事情。

使用 LINE 的时候，如果加上写邮件时用的"××先生（小姐）"这种收件人姓名，或者"一直以来承蒙您的关照"这样夸张的开场白，会有违和感。

也有越来越多的公司准备将 LINE 的特征运用到商务场合中。

▶▶ 通过"只谈正事"来传递要说的信息

正因为如此，LINE 株式会社在公司内部也充分运用了 LINE 的这个特征。

　　"发现了有趣的东西。"

　　"突然有了这样的想法。"

　　"被客户称赞。"

　　"议案好像进展很顺利。"

　　"这样下去的话似乎会有麻烦。"

　　这些"现在立刻想要传递的信息"，以及没有必要正式报告上司和通知同事的一些小信息及想法，就可以用 LINE 进行汇报、联络和商谈。

　　很多小的信息被连续不断地放入 LINE 聊天群，一个想法引出另一个想法。即使是无法面对面说出来的直率意见，也可以轻松表达。

　　如果意思没有表达清楚，对方就会问"那是什么"。没有被充分理解的话语就能马上得到修正，很快引导出项目的正确方向和结论。

　　LINE 可以提高写作速度和整个业务的进展速度，实现整个组织交流的灵活化。

<mark>一旦有"好好写"的意识，书写就会停滞不前</mark>

我曾经非常讨厌写文章，曾为写 300 字花了整整一天时间。

现在能够流利地写很长的文章，得益于一个很大的发现。

那就是，从"文章就应该这样来写""必须写出好的文章"等这些**"好文章"观念的束缚**中摆脱出来。

什么是"好文章"呢？

如果是孩童时代，是那些在作文竞赛中获奖的优秀范文。

如果是在大学时代，就是那些逻辑严密、晦涩难懂且充满文学性的论文和报告。

进入社会后，还有报纸上的社论和专栏、商务杂志上的文章，或是专业的随笔，等等。

现在，在博客和电子杂志上也能读到作家们的优秀文章。

你是不是一直认为上述的文章就是"你应该写的好文章"？

我在刚做广告撰稿人时，也曾想写出"好文章"，误认为对方寻求的是表现力丰富的专业文章。可是我怎么也写不出来，很痛苦。

但这也是没有办法的事。因为不管是在学校，还是在成为社会人之后，我都很少有机会学习写"社会需要的文章"和"商务上需要的文章"。

这样一来，最常读到的文章就很容易成为范本。我想大家心中这些"好文章"的典型出处就是报纸和杂志，以及大家各自喜欢的作家的作品。

当然，我并不是否定记者和作家的文章。

我想说的是，那是专业的作者日复一日、殚精竭虑写出来的匠心独运的文章，不是我们一朝一夕就能模仿的。

虽然这些文章随处可读，但是大家要**将这些作家的文章当作范本的话，模仿难度太高了**。

虽然想模仿，但是很难模仿。这才是很可怕的地方。

所以需要花费很多时间来写作。

➤ "意义不明的表达"的代表例子

"好文章"观念对写作的束缚在于会造成一个很大的误解。

"报刊上的文章正是因为刊登在报刊上，所以才能成为报刊文章。"这是我从新闻记者那里实际听到的话。

意思是说，**报刊上登的文章**带有报刊文章的特征，这种特征**不适用于一般的商务文书和邮件。**

如果那样写的话，文章就会变得浮夸且不切实际，晦涩难懂。

也就是说，如果大家以"好文章"为范本写作，不仅花费时间，还有可能无法把你的**意图准确传达给**读者。

提到"好文章"，很多人想到的是"生动优美"的文章。

最具代表性的是，很多报纸或杂志上颇具文学性的专栏标题，有不少被采用为大学入学考试的题目，刊登的文章也被当作优美文章的范本。

但是，我倒觉得最难做的就是模仿专栏文章，特别是连续使用一些有内涵的书面用语或华丽的词语。

　　如果大家在报纸上读到那些有内涵的或者华丽的句子，可能并不怎么在意。

　　只要用了这些句子，文章就会显得"煞有其事""颇有文采"。

　　即使没有什么内容，看起来也像是一篇"好文章"。

　　但是，如果在商务文书和邮件中突然看到这些句子，就会觉得违和。

　　这是有理由的。

　　这些句子出现的时候常常会让人觉得"好像懂，但是其实又不太明白"。如果作者自己也"不太明白"的话，就**不能很好地把意思传达给读者**。

　　所以，大家在使用这些句子时要谨慎。

▶▶ 不必在意起承转合与正确的语法

　　"好文章"观念对写作的束缚还在于会造成另一个误解，即必须符合"写文章的理论"。

　　比如下面这些：

　　　　"必须注意文章的起承转合。"

　　　　"必须使用正确的语法来书写。"

"必须正确使用'、'和'。'等标点符号。"

我 20 多年来一直靠写文章维持生活，但是**从没有特别注意起承转合。**

我没有学习过标点符号的使用规范，也没有读过讲解文章的写法的书。

尽管这并不是什么值得骄傲的事情，但是这种沉闷的规则让人对写作敬而远之。

语文老师在试卷上打分时，也许要将此作为评分的标准。

可是，在商务场合，考虑起承转合而写的文章真的有用吗？

漂亮但内容空洞的文章，真的会受欢迎吗？

例如，起承转合是文章的结构技巧，讲究开头、过程、转折和结尾，一般用于写小说、散文等文学作品。

然而在商务场合，往往会要求先说结论，那么这种结构技巧就会违背商务场合的叙述要求。

花费大量时间在文章的形式上，可以说**是本末倒置。**

商务文章说到底只是传达意思和决定事项的一个工具。忽略工具的实际作用，而一味地讲究工具是否好看，是一件很奇怪的事。

我发现，越是不擅长写文章的人，就越是在乎文章的结构、文采、语法等。

　　如果能摆脱这些"好文章"观念的束缚，一定能加快写作速度。

　　当然，有的人不想写难看的文章，我非常理解这种心情。

　　我这里有它的应对方法，是我自己正在实践的简单方法，会在后面的章节中介绍。

文章绝对不能毫无准备就开始写

"不知道该写什么。"

"虽然开始写了，但是很快就写不下去了。"

"必须写了，但是怎么也动不了笔。"

有时，我会从商务人士那里听到这样的烦恼，然后我会问如下问题：

"你有好好准备文章的素材吗？"

写文章的时候总是动不了笔，是因为没有做好准备。如果确定了要写的内容，就能轻松流畅地写下去。

文章写不下去的最大原因就是**毫无准备地开始写文章**。

请你试着把写文章想象为盖房子，建筑物是由许多建筑材料构成的，那么你需要准备钢筋、水泥、砖、木材、窗户、门、水管等。

现在盖房子的人只有你自己，马上就要施工了，可你才刚刚开始准备建筑材料，施工一定不会顺利。

只有事先知道需要什么材料，并且备齐这些材料，才能如期完工。

写文章也一样。没有准备地从零开始写，结果便会令人失望，而且会耗费大量时间。

如果我们知道应该写什么内容，并**提前准备好素材**，那么写起来就会很快了。

▶▶ 为什么新闻记者能瞬间写出报道

作为撰稿人，我有时会跟年轻作者进行交流。

我告诉他们："与其说我在从事的是'写的工作'，不如说是'**倾听的工作**'。"

的确，我输出的产品是通过"写"来完成的。但是，"写"只是我的工作过程之一，而且只是最后的过程。

我最重视的是写之前的准备，也就是采访。

采访是为了**收集素材**，是"倾听的工作"。在采访中收集的素材，将决定成稿的质量。

得不到好的素材，就肯定写不出好的文章。

新闻记者如果不采访，那就没有新闻素材。从在现场发布的新闻快讯到正式的新闻报道，他们长时间奔走在收集素材的路上。

新闻记者们会在**收集到素材后马上开始写报道。**

特别是分秒必争的独家新闻报道，能否以最快的速度写完并抢先发布出去，直接决定与其他新闻媒体竞争的胜负。

当然，记者们的写作速度本来就快，这就是所谓的速写能力。

但是就连具有速写能力的经常写文章的新闻记者，没有充分的素材也写不出文章来。

不准备素材就开始写文章，是连新闻记者都做不到的事。

▶▶ 小说作家没有素材也写不出来

这里有一个关于获奖作家的小插曲，可以让你感受到他们的厉害之处。

某次我采访一位获得过芥川奖的文学作家。

我问他是如何写小说的。

他的回答极其简单：

"从头开始。"

我不相信自己的耳朵，于是又问了一遍。

"您是怎么写小说的？"

"我说了，从头开始。"

总之，从头开始写，一气呵成写到最后。

不用事先考虑素材和文章架构，直接面对电脑或稿纸，就能顺利地完成小说。

我非常惊讶，这样的事情对外行人来说是不可模仿的，只有"拥有特殊才能的人"才能做到。

话虽如此，但即便同样都是小说家，也不是每个人都这么天赋异禀。

更多的小说家需要对文章中准备塑造的典型人物及其职业、所属行业等进行周密的调查和采访。

他们能从采访中获得灵感和想象力，然后写进小说中。

所以，除了那些天赋异禀的特殊人才之外，就连**小说家都要收集素材进行写作。**

▶▶ "不知道该写什么"的烦恼瞬间消失

我如果没有素材也写不了文章。而且，我也不敢写。

很多人认为职业作者什么都能写，其实没有这样的事。

决定写文章后，**首先要做的就是找素材。**

在日常的商务写作中，可能有人会认为特地去取材有些夸张。

因为有时候确实没有去取材的闲工夫。

但是，这样的情况是不存在的。

不是说只有去记者招待会、听政府要员讲话、到事件现场调查等这样的事才是采访。素材比大家想象中更贴近我们的生活。

下面向大家介绍一下如何收集身边的素材，这将提高我们写文章的速度。

譬如，去小学参加家长会或进行教学参观之后，父母被老师要求写感想文。

为这篇感想文伤脑筋的父母不在少数。

家长聚会的时候，大家互相问："你写了什么？"

这是提交给自己孩子的班主任的感想文，总得写出点拿得出手的东西吧。

话虽如此,提起笔却不知道该写什么。在烦恼的过程中,宝贵的休息时间就过去了。

当时我在干什么来着?因为知道要写感想文,所以参观日当天,我打算**观察学校**,然后**从中收集素材**。

- 现在的学校环境,与自己是小学生时的相比有什么不同?
- 有什么让我吃惊的事情呢?我喜欢的展示物品是什么?
- 孩子做了怎样的发言?黑板上写了什么?
- 墙上贴出的习作上写着什么?教室里的气氛怎么样?
- 自己对此是怎么看待的呢?是怎么想的呢?

我将这些全部在手机上做好笔记。

这些都是素材。

剩下的事就是以这些笔记为基础把感想文写出来。

如果不收集素材,而是回到家后再开始拼命回想“到底对什么东西印象深刻”,那就太伤脑筋了,也浪费时间。

有素材，就能解决"不知道写什么"的烦恼。

并不是只有我这样做。能快速写文章的人都会这样做。

我知道素材的重要性，从**决定写文章时起**就会竖起天线，**像雷达一样留意相关信息。**

然后不断地收集素材。

这样的话，**在写之前就已经准备好要写的内容**，动笔的时候就不用为写什么而烦恼，很快就能写出来。

快速写作的行为习惯【基础篇】

◎ 请记住，我们需要的是"必要的信息"。

◎ 不要模仿"好文章"。

◎ 尽量不要使用拗口的书面语。

◎ 不要太在意起承转合的架构和语法。

◎ 决定写的内容之后，就立刻去搜集素材。

第 1 章

素材篇：10 倍写作术

唯一没有瑕疵的作家是那些从不写作的人。

——威廉·哈兹里特

（英国文艺评论家，代表作《莎士比亚戏剧中的人物》）

素材的 3 要素：独立的事件、情节、数字

本章介绍的是快速写作方法——素材文章术。

首先，我们来重新定义什么是素材。

▶ 与"如何写"（写作手法）相比，"写什么"（写作内容）更重要

很多人应该都出席过亲友的结婚仪式。

那些震撼人心的致辞，往往来自那些不善言辞的人。

到现在为止，我仍然铭记在心的是某个新娘的叔叔的致辞。

从小宠到大的侄女要结婚了，叔叔代替新娘已故的父亲万分紧张地登场了。

他明明准备了演讲稿，但是一上台就结结巴巴，站在台上头脑突然一片空白。

然后，他索性放弃演讲稿，一边流泪一边开始结结巴巴地讲起了和新娘有关的回忆，包括她的父亲生前是如何宠爱她。这些内容特别震撼人心，于是婚礼现场开始传来抽泣声。

那时，我和在场的其他人，绝不是感动于他的"说话方式"，而是**感动于**无法对其他人言说的这些**话的"内容"**。

如果她叔叔的讲话是照搬那些耳熟能详的"红白事的致辞"，我是绝不会感动的。

写文章也是一样的道理。

- 与"如何写"（写作手法）相比，"写什么"（写作内容）更重要。
- 重要的不是文章的写作手法，而是文章的内容。
- 文章的内容也就是素材。

▶▶ 有素材的话，10 分钟就可以写好 400 字的文章

我在写《成城石井为何备受青睐》这本书的时候，用从成城石井员工那里听到的素材写了下面这段内容：

> 成城石井超市的货品质量控制得非常好。比如在酒类货架上，即使是最便宜的仅售 1500 日元的葡萄酒，味道也非常醇正。这是怎么做到的呢？
>
> 这些葡萄酒在欧洲装船，途经赤道地区，需要在路上耗时两个月才能到达日本。
>
> 在赤道地区，即使是冬天也有近30℃的气温。如果用普通集装箱来运送这些葡萄酒，由于内部温度过高，葡萄酒的味道会发生变化。
>
> 以前，葡萄酒都是这样运送的，大家并没有觉得有什么不妥。
>
> 然而，成城石井注意到了这个问题，并花费巨资来解决。
>
> 为了存放这些酒，成城石井早在 30 年前，便开始在运输船上配备带有大型冷藏设备的恒温集装箱。这样即使途经高温的赤道地区，葡萄酒的

味道也不会发生变化。

成城石井还在日本建造了恒温恒湿的仓库。葡萄酒在到达日本后，立即被送进这些仓库储存。24 小时恒定温度和湿度的严格管理，实现了冷气对葡萄酒的无死角全覆盖。

成城石井在质量控制上做到了极致。

所以，哪怕是价格只有 1500 日元的葡萄酒也很美味。

写这段 **400 字**左右的内容，我只花了 **10 分钟**。

在写作之前我准备了如下素材：

- 在欧洲装船的葡萄酒历时两个月送达日本。
- 需要途经即使是冬天也有将近 30℃气温的赤道地区。
- 以前葡萄酒都是在这样的状态下被运输的。
- 成城石井采取的做法是使用恒温集装箱来运输。
- 这是 30 年前的事情。
- 在日本建造恒温恒湿的仓库来储存这些葡萄酒。
- 24 小时恒定温度和湿度，引入冷气实现无死角全覆盖。

如您所见，这些都是由独立的事件、情节和数字所构成的。

看到这里，大家应该能够明白，只是通过罗列素材就可以构成文章。

文章九成靠素材

本书最想表达的一点就是，**只要着眼于收集素材，文章就可以快速写成。**

接下来，我通过解读其他人写的文章，来让大家感受一下"文章是由素材组成的"。

▶▶ 新闻报道九成以上靠素材完成

前面说了，即使是新闻记者，没有充分的素材也无法写出文章。

实际的新闻报道是怎么样的呢？

以下内容中，用下划线"＿＿＿"标注的部分不是素材。

丰田汽车和铃木协作，联合生产 1800 万辆

丰田汽车旨在与其他行业进行竞争，进行了突破性的合作。6 日正式宣布与铃木在环境技术等方面进行全面的业务合作。

2014 年，丰田销售了超过 1000 万辆汽车，在燃料电池车（FCV）等新技术的实用化方面位居前列。但是，由于 IT 等不同行业的加入，竞争环境与行情发生突变，丰田想通过 "1800 万辆联合生产" 实现最终胜出。

（摘自《日本经济新闻》·2017 年 2 月 7 日晨报头版）

这是报道前面的引导文。

全文由 4 个部分构成。

丰田汽车旨在与其他行业进行竞争，进行了突破性的合作。

6 日正式宣布与铃木在环境技术等方面进行全面的业务合作。

2014 年，丰田销售了超过 1000 万辆汽车，在

燃料电池车（FCV）等新技术的实用化方面位居前列。

　　但是，由于 IT 等不同行业的加入，竞争环境与行情发生突变，丰田想通过"1800 万辆联合生产"实现最终胜出。

素材指的是独立的事件、情节、数字。

看了之后大家应该明白，除了"旨在与其他行业进行竞争""竞争环境与行情发生突变"以外，其他都是素材。

这个引导文几乎都是由素材构成的。

接下来，我们来看看引导文之后的正文吧。

　　"非常荣幸可以和铃木这种极具挑战精神的公司合作。"

　　丰田的丰田章男社长在发表关于交换面向合作具体化的备忘录一事的意见时如此说道。

　　两家公司自 2016 年秋正式开始进行关于合作方面的商议，进一步推进了在安全技术和 IT 领域等方面的合作。

　　丰田在 21 世纪 10 年代中期，以接手美国通用汽车公司（GM）的保有股份公司的形式，分别和富士重工以及五十铃汽车进行资本合作。另外，在 2011 年以后相继和德国宝马以及马自达汽车公司进行合作。这次和铃木的合作是没有资本较量的舒畅的"伙伴建立"（丰田社长如此发言）。

"随着谷歌和苹果这些新的竞争伙伴的登场，我们在技术之外还需要志同道合的伙伴。"2016 年 11 月，丰田社长在公司内部的会议上如此强调。这是一个充满危机感的时代，汽车电动化和时常联网的无人驾驶车辆（联网车）更加普及，以及拼车（同坐一辆车）不断发展。

2017 年 3 月，丰田投入了 1 兆 700 亿日元进行研究开发，这是丰田有史以来最多的一次投入，在日本企业里面算是最高水准。但是德国大众一年投入 1 兆 5000 亿日元以上；合伙的美国通用汽车公司虽然还没有上市，但是已经调配 80 亿美元（折合日元约 9000 亿）以上，重点投资无人驾驶等领域。即使是丰田，仅凭单独实力着眼于全部领域也是很难的。

怎么样？我想大家应该明白了吧，即使是正文，除了"另外""如此强调""即使是丰田，仅凭单独实力着眼于全部领域也是很难的"之外，也全都是素材。

顺便一提，丰田章男社长的**评论也是事实**，不是作者绞尽脑汁想出来的内容，所以当然也是素材。

▶▶ 企划书仅靠素材就可以写出来

接下来，我们来看看企划书吧。

我在写《截止日期工作书》这本书的时候，编辑樋口博人先生最初给我提交了一份企划书，下面来介绍这份企划书的内容。

　　上阪彻先生，是一位<u>非常高产</u>的原创作者，一个月至少能写一本书。通过此书，他将给我们传授遵守截止日期的时间管理术，教给我们如期完成工作的窍门。不管你是专门从事写作工作的人，还是写作水平一般的商务人士，都能够很好地实践运用此书。这些方法来自上阪先生自身的经历，以及上阪先生在做采访工作时做的一些记录。这是一本极具说服力的实用书。另外，此书也揭示了遵守截止日期的好处，可以让您拥有更好的人生，促使您自我启发。

我看了这个之后，马上明白了企划的要旨和编辑的意图。也就是说，这份企划书很好地将意思传达给了读者。这篇文章除了"非常高产的"和连接词以外，都是素材。

- 作者是按照一个月至少写一本书的速度来创作的撰稿人上阪彻。
- 企划要旨是"传授遵守截止日期的时间管理术"。
- 传授给专门从事写作工作者的有益窍门。
- 写作水平一般的商务人士也能够如期完成工作的窍门。
- 内容基于上阪先生自身的经历。
- 上阪先生在做采访工作时做的一些记录。
- 这是极具说服力的实用书。
- 揭示了遵守截止日期的好处，让您拥有更好的人生，促使您自我启发。

企划书也是由素材组成的。

企划书作者的意念越强烈，越是容易"想得过多"，于是内容就越容易出现说明过多、"写得过多"的情况。

但是，企划书的读者更想知道**"要解决什么问题，如何解决"**。只要有最少的素材来补充说明这个问题，就可以写出企划书。

打个比方，写文章就像是做菜。

即使是门外汉，只要有好的食材，也可以做出相应的菜。选择一些操作比较简单的烹饪方法，例如，做一份刺身或者简单的炒菜，在短时间内就可以做出好吃的菜。

我认为，对忙碌的商务人士来说，与其过多地追求文章的质量，他们更应该追求可以灵活运用的好素材。这样的话，也可以实现速写。

没必要专注于写"好文章"

当我提出"文章只是以素材为基础来写"的时候，常常被这样反驳：

"要写这样枯燥无味的文章吗？"

"是不是应该把文章写得更吸引读者呢？"

"会不会很无趣？"

浅显易懂地说，我认为文章就是在素材的基础上写。

"是不是写漂亮的文章比较好呢？"

可是，正是这个想法，让写文章变得特别费时间。

商务人士的目标应该是**写易懂、对读者有用的文章**。

▶▶ 有魅力的素材不需要加工

我的写作生涯是从做广告撰稿人开始的。在这里给大家举一个我在广告公司写招聘文案的例子。

・**本公司是一家非常好的公司。**

在写出上面的招聘广告时，我立马被当时的上司提醒"不要使用让人似懂非懂的语言"。

"好公司"就是典型的例子。

确实，那个公司说不定是"好公司"。

但是，因为没有表明任何具体信息，所以对方不会被打动，也不会付诸行动。

那么，应该写什么呢？

・**5 年间，没有一个员工辞职的公司。**

・**每年全体员工带薪休假的实现率是 100%。**

・**在这个公司，社长在年末会给员工一笔丰厚的年**
　终奖。

读者想知道的就是这些"**具体的事实**"。

作者将这些具体的、富有魅力的素材总结在一起，才表明了这是一个"好公司"的"事实"。

将素材总结归纳成"好公司"这一结论，会让结论变得含糊抽象。

抽象的结论很难被读者领会。

文章内全是读者不理解的东西，这才是真正的可怕之处。

因为这样很容易让人"总觉得好像明白了，但其实不太明白"。

所以，我才想告诉大家应该把目光转向素材。

快速写长篇文章的方法

"文章是由素材组成的。"

"只需列出素材就能写文章。"

我若这样说，可能有人会有如下的反应：

"先不说 200 字左右的短文，如果是 1000 字、3000 字的长文章，光靠素材是写不出来的吧？"

我也是，作为广告撰稿人刚出道的时候，写 800 字都感到有压力。面对空白的文档，我在想"我能写那么多吗"。

但是，即使是写长文章，也不用担心。

因为**短篇文章和长篇文章的区别**只是一个**素材量**的问题。

素材少的话，就是短文章。人们写长篇文章感到痛苦，仅仅是因为素材不够。如果有很多素材，数千字的文章也完全不在话下。

如前所述，那些能快速写出 LINE，能与对方毫无障碍地进行交流的人，只要收集到足够的素材，也能很快地写出长文章。

▶▶ 准备好素材，文章也就大致完成了

我来举一个例子，是我在 2015 年写的《为什么我毫不犹豫地选择了 Doutor 咖啡呢？》一文的部分摘录。

这篇文章比刚才的报纸报道和企划书还要长，大概有 1300 字。

我写这篇文章需要 30 分钟左右。

连锁的 Doutor 咖啡为什么好喝？商品生产部部长兼首席咖啡师菅野真博先生给我讲了其中的一个理由。

首先，Doutor 咖啡在烘焙方面非常讲究。咖啡豆是生鲜食品，所以新鲜度很重要。Doutor 咖啡的咖啡豆，不仅严格控制从搬运到送入仓库、工厂的量，而且在管理烘焙后的咖啡豆方面也是

同样严格。不，应该说是更加严密、严格地控制新鲜度。

"Doutor 咖啡的工厂基本只烘焙店里预定的订单量的咖啡豆。惯例是每天从储存库中取出生豆，进行烘焙包装，然后送到仓库。"

很多咖啡店在晚上关门前订购咖啡豆。新鲜的咖啡豆会在每天早上9点左右由仓库送到店里。这被称为"新鲜轮换"。店里基本上没有旧豆库存。

譬如咖啡店在星期一订货的话，工厂则在星期二处理订单，从早上开始烘焙，傍晚出货。但是，出货后不直接送到咖啡店，而是配送到分布在全国各地的仓库。其实这是有原因的。

刚烘焙好的咖啡豆因为含二氧化碳过多，各种风味无法充分释放。烘焙后的 2 ~ 3 天是二氧化碳排放最多的时间，我们称之为"养豆"。此后的 7 ~ 10 天是最适合饮用的。公司会为了让咖啡豆在最佳饮用时间到达店里而安排相应的配送。

从店铺每天的订单生产到根据最佳饮用时间安排配送，大概没有公司可以做到如此程度吧。如果咖啡豆在烘焙后放一段时间才更好的话，那么多烘焙一点攒够库存，不是会更好一些吗？但是 Doutor 咖啡没有这样做。因为咖啡豆在排气后会失去二氧化碳的保护，开始与氧气接触并氧化。

咖啡含有 15% 左右的油脂成分。像山茶油和菜籽油之类的也是如此，但是油接触空气会发生氧化现象。

如果氧化了，味道就会变差。据说，冲泡之后的咖啡也是如此。

曾经有人说，喝咖啡会导致胃痛，咖啡对身体不好。我想那是因为喝了陈咖啡，也就是用氧化了的咖啡豆做的咖啡。其实，我做营销的时候也伤过胃。我那时候一心想成为金牌销售员，努力过头了。

我在推销过程中，在好几家店喝了很多咖啡。

氧化了的咖啡伤胃。喝咖啡后觉得胃疼的人，有可能是喝了使用了氧化的咖啡豆的咖啡。

我来到工厂之后，一天喝两三升的咖啡，却从来没有胃不舒服过，因为只喝用没有氧化的咖啡豆做的新鲜咖啡。

在 Doutor 咖啡店，焙煎之后过了两三天的咖啡豆会被送来，然后马上使用。这些咖啡豆不但没有了二氧化碳，也没有出现氧化现象，正处于饮用的最佳时间。每天可以订货，所以不需要大量存货。（后略）

大家读过后就能明白，这篇文章也是只由素材构成的。我所做的只是让这些素材更容易被理解，加入"总结解说"或者"强调素材"。

关于如何快速写素材以外的部分，会在第 6 章中介绍。

本章的重点是，如果**有充分的素材**，就**不用做多余的事情**。

只要有素材，即使是要写**长篇文章，也能毫不犹豫地快速写作。**

快速写作的行为习惯【素材篇】

◎ 不要考虑"如何写"。

◎ 集中于"写什么"。

◎ 收集独立的事实、故事情节和数字。

◎ 把充满魅力的素材总结为"表现"。

◎ 写长文章的时候多收集素材。

第 2 章

目标读者和写作目的篇：
正确收集素材的两个原则

每个有勇气提笔写点东西的人，都值得我敬佩。

——E.B. 怀特

（美国作家，代表作《夏洛的网》）

素材快速写作的 5 步素材文章术

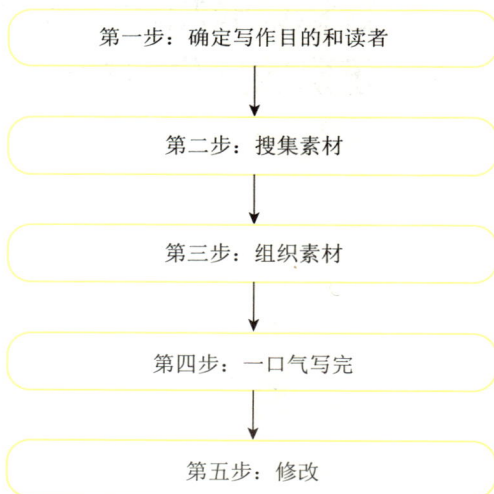

第一步：确定写作目的和读者

↓

第二步：搜集素材

↓

第三步：组织素材

↓

第四步：一口气写完

↓

第五步：修改

本章主要为大家介绍第一步。

弄清写作理由

"写作理由"即写作的真正目的。

首先，要知道如何正确收集素材。

正确收集必要的素材，有**两个原则**。

第一个原则是明确文章的写作目的。

要明确**"为什么要写这篇文章"**。

▶▶ 你希望读者通过这篇文章感受到什么？

如果被问道："你接下来想要写什么样的文章？"

你的回答可能会很简单：

公司内刊的随笔，上司要求写的出差报告；

面向顾客的新商品宣传文，面向顾客的邮件；

公司的会议记录、宣传博客和网络报道；

简单的工作笔记和日记。

我把这些**写之前就已经明白的文章目的**称为"**表面目的**"。如果没有表面目的，就没有写文章的意义。

但是，为了正确快速地收集素材，仅仅知道表面目的是不够的。

因为不知道需要什么素材。

那么，怎么办才好呢？

只有表面目的，依旧难以收集正确的素材。

也就是我们**无法判断"这是否为必要的素材"**。

每天，我们可能要发送表示感谢的邮件，又或是表达歉意的邮件。目的不同，写作内容也就不同。

也就是说，只有先确定**"希望这篇文章的读者感受到什么"**，才能开始收集正确的素材。

这可以说是"决定文章的读后感"吧。

所以，我们要从"表面目的"中**挖掘出"真正目的"**。

如下图所示。

从"表面目的"中挖掘出"真正目的"

表面目的

新商品的宣传文

↓

真正目的

- 让对方感受到**新商品的魅力**
- 想强调**销售时期**

表面目的

公司内部报刊的随笔

↓

真正目的

- 把自己的**工作态度**告诉其他部门的人
- 介绍在职场上不为人知的**私下姿态**

表面目的

会议的议事记录

↓

真正目的

- 只需**总结要点**
- 相关人员的**发言**全部记录下来

表面目的

出差报告

↓

真正目的

- 希望为改善公司业务提供**参考和启发**
- 说出在那里工作的**员工的不满**

▶▶ 一定要确认被委托的文章的真正写作目的

要深入挖掘真正目的，有时候自己一个人就能做到，有时候则需要向别人询问才能搞清楚。

比如，如果总务部的负责人委托你写公司内部报刊的随笔，就应该向负责人询问："这是出于什么目的？写些什么好呢？"

如果我写招聘人才的广告词，那么我必须询问企业的委托人，想要什么样的人才。

出差报告和会议记录也一样。如果是上司要求写的话，提前问清楚上司的真正目的。

特别是在职场中要写的文章，大多是受人委托，或迫于需要而写。

所以，一定要养成**在收集素材之前，确认文章的真正写作目的**的习惯。

如果能够看到真正目的，自然就能找到有针对性的素材。

这样就不会在开始写之后才发现不对劲，然后又开始重新收集素材，或者无法确定收集的素材是否符合标准。

所以，**确定真正目的可以事半功倍，**可以让人**快速准确地收集素材**。

如果公司要求你写内部报刊的随笔，那么你可以试着考虑一下如下情况：表面目的是"自我介绍"，而真正目的是"向员工介绍在职场上不为人知的私下姿态"。

素材就是"同事所不知道的个人爱好""偷偷发现的公司周边好吃的午餐店""家中经营着延续了九代的老理发店"这些。

但是，如果我们只把握"自我介绍"这一表面目的，就无法正确判断出"过去的工作业绩"和"以怎样的想法致力于工作"这些是偏题的素材。

▶▶ 不以写作本身为目的

请大家千万不要在**没有确定目的**的情况下写文章。

如果不确定目的就开始写的话，"写文章"这一**行为本身就成了目的**。

写作本身成为目的的话，作者就会**被写法束缚**，然后**花费大量**时间。

像刚才的公司内部报刊那样，用偏题的素材写文章导致重写，便要**花费成倍的时间**。

重述一遍，商务文章说到底是"交流工具"，而不是"表现的场所"。工具本身不是目的。

我们要丢掉写"好文章"的意识。

首先是找到写作的真正目的，然后是收集正确的素材。

所有的文章一定有"你希望读的人"

正确收集素材的第二个原则是读者定位。

也就是说**确定文章的读者**是哪一类人。

在我刚刚成为广告撰稿人时，我被"好文章"这一意识所束缚。有一次，我脑中突然浮现出了疑问：

"咦？是谁来读这篇文章呢？"

我当时要写的是招聘人才的广告词。

阅读的人是求职者。阅读文章的动机是想要了解清楚即将去应聘的公司。

如果是这样的话，或许就没有必要写出漂亮的文章吧？

只要写出读者能充分理解的东西，不就足够了吗？

从那以后，我的目标就是写易懂、可以流畅阅读的文章。

我发现并不是每个读者都需要漂亮的文章，所以我们可以用轻松的心态来写文章。

我作为一个作者，经常思考的并不是文章的好坏，而是所写的内容**对读者是否有用，素材是否简单易懂**。

然后，我的广告文案被评价为"易懂""很容易想象公司的魅力""诉求点很明确"。后来，大概是因为广告文案的评价很好，我的工作从写广告文案拓展到其他方面。

▶▶ 你能在黑暗中演讲吗？

我经常对年轻作者讲这一点：不想象读者就开始写，就像在一片漆黑的夜里胡乱摸索，在完全不知道谁在场的情况下便进行演讲一样。

不知道谁坐在那里。

可能是老年人。

可能是小学生。

身处这样的演讲台上，请想象一下必须说些什么的情况吧。

这大概很恐怖吧。

但是，过了一会儿，会场变得明亮了。

看到在座的人之后，会怎么样呢？

如果那里坐着很多年轻的女性，那么只要说一些面向年轻女性的话，就可以放心地开始演讲了。

实际上，当我接受演讲邀请时，我会尽可能地事先得到出席者的信息，提前弄清楚什么样的人会来。这样的话，就不会选偏题的素材（这里指演讲中的讲话内容）。

在写文章时，情况也完全一样。

什么样的人会读，想让谁读呢？

对象不同，素材也要变化。

正因为如此，在没有确定读者之前，绝对不能开始写文章。

▶ 读企划书的人是项目的负责人、上司，还是社长？

例如，请大家考虑一下写提交给客户的企划书的情况。

如果是向经常交流的项目负责人提交，那么项目的内容不用写得太细。

如果是提交给只打过一次招呼的项目负责人的上司，

应该写什么样的内容呢?

　　企划书要简洁,措辞要礼貌,项目说明要详细,而且有必要写出此次合作对对方的好处,或者可能需要加上节日、时令之类的问候。根据场合的不同,最好提前向负责人询问这个上司的思维特征、个人喜好、判断企划方案好坏的标准,并根据这些写出相应的内容。

　　如果是提交给素未谋面的社长,应该写什么样的内容呢?

　　面向社长和负责人,可以用同样的文章吗?

　　即使是同一项目的企划书,读者不同,必要的素材也要发生变化。正因为如此,在写之前,在收集素材之前,有必要先弄清楚"谁来读"。

无法确定读者时的有效方法

说到"想象读者"，可能有人会问：

"如果读者的定位方向有很多，该怎么办呢？"

确实，并不是所有文章都像刚才举例的企划书那样，有明确的读者定位。

像公司内部报刊的随笔、商品的宣传文案、博客等，很多情况下是写给不特定的大多数读者。

这种时候我们该怎么办呢？

▶▶ 面向熟人中的"一个人"来写

这时，我会确定**特定的读者**。

即使最后有各种各样的人阅读，也还是要尽可能地缩小读者的范围。

具体来说，就是用**年龄和特征**来想象特定的读者层。

- 30 多岁，在大公司工作的男性。
- 进入公司 3 年左右的人。
- 40 多岁，在还房屋贷款的人。

像这样缩小范围。

并且，有时候我们可以通过设想**读者的烦恼**来想象读者层。

- 20 多岁就考虑过跳槽，但不能踏出第一步。
- 30 多岁的时候成了队长，但是不擅长在人前说话。

这种做法在营销界被称为"人格设定"。

话虽如此，但即使缩小到特定的范围，也还是会觉得太宽泛。

同时，设定人格本身就是个麻烦的工作。

于是我下定决心，只**在熟人中找到一个可能成为读者的人**。

我一想到那个人的脸，就可以想象到需要的素材。

这样素材变得容易收集，我就可以毫不犹豫地快速写作。

▶▶ 选择"那个人"应该会喜欢的素材

下面为大家介绍一个实例。

10 多年前，我负责周刊的就业信息专栏卷首连载的采访工作。这个专栏的内容是经营者、艺人、运动员等各种各样的世界名人的访谈。

这个专栏得到了受访者和读者很大的支持，持续连载了 6 年。周刊内的就业信息专栏能够连载这么久，是十分罕见的。并且，这些采访文章还被汇编成书，销量累计超过 40 万册。

我试着把刚才的两个原则运用到这个连载上。

首先，连载的目的是请名人传授我们"做好工作的经验"和"就业的经验"。

但是，读者层的定位暂时无法明确。这本周刊杂志有不同的专栏，读者也是互通的，但是无法想象到底是什么样的人会更关注就业信息专栏。

于是，我每次都改变读者定位，将其设定为"我希望这个人读",然后进行写作。

- 我想把这件事告诉他。
- 那家伙肯定想知道这个吧。

就这样,我的脑海中一边浮现特定的人,一边选择素材。

直到我坚信**"这句话应该会正中要害"**,才会开始写。

即使刊登在同一本杂志上,因对采访对象有不同的喜好,所以读者也应该会不同。比如,假设一本周刊内同时有对日产汽车的前会长卡尔洛斯·戈恩和单口相声演员笑福亭鹤瓶的采访,有人喜欢前者,有人喜欢后者。所以,不能每次都设定同一个读者。

于是,我脑海中浮现朋友的脸,想象着,"那家伙一定会对戈恩感兴趣","那家伙应该会对鹤瓶先生感兴趣"。

实际上,对戈恩的报道是我想象着一位在银行工作的朋友写的,对鹤瓶的报道是我想象着一位非常幽默的乐队朋友写的。

因为可以想象到具体的脸,所以才可以想象选择什么样的素材。

因为我提前设定了特定的读者，所以才没有使用离题的素材。

▶▶ 很遗憾，面向所有人的文章无法令所有人接受

读到这里，也许有人会产生以下疑问：

"如果把读者定为某一个人的话，其他人不就不能读了吗？"

"仅仅写给一个人的文章，就无法让更多人接受了吧？"

另外，也许还会产生以下疑问：

"为什么一定要确定读者呢？太麻烦了。"

"虽然没有特意规定一个人，但只要一开始就写能让所有人接受的文章不就好了吗？"

我的报道虽然把读者明确定为某一个人，但实际上被很多人阅读了。尽管我在写的时候想象为面向特定读者，但我的文章最终受到了更多读者的喜欢。

我并不是想说，面向某一个人写，就一定能让很多人接受。

但是，如果我们**一开始就想写让所有人接受的文章，**

结果文章很可能无法让任何人接受。

这是有理由的。

比如，你要写让 30 ～ 40 岁的男性读者产生共鸣的文章。

于是，你调查了 30 ～ 40 岁男性的喜好和特征，收集素材，想写出能让所有 30 ～ 40 岁男性喜欢的文章。

恐怕这篇文章无法得到 30 ～ 40 岁男性的认同。

因为年龄在 30 ～ 40 岁的男性的喜好和特征也不尽相同。

读你的文章的人，说到底，是拥有不同性格的个人。

就像刚才的例子那样，如果知道读者是谁的话，就可以清楚知道该准备什么素材，该把重点放在什么地方来写。

如果我们要写面向所有人的文章，那便和在黑暗中演讲是相同的状态。因为读者的定位模糊不清，就无法确定选择什么样的素材比较好。

这样一来，我们在写的过程中就会迷惑：

• 这篇文章是写给谁的呢？

• 我想写些什么呢？

最终导致这样的文章无法让任何人接受。

如果目的和读者改变，素材也要 180 度改变

我来总结一下前面讲过的内容吧。

要正确、快速地收集文章的素材，有两个原则。

①对文章的"表面目的"进行深挖，确定"你希望读这篇文章的读者能感受到什么"这一"真正目的"。

②确定具体的读者。无论如何也无法想象读者的时候，就在身边的朋友或熟人中选择某一个人设定为读者即可。

如果我们通过这两个原则明确写作目的和读者的话，就很容易快速收集到正确的素材。

二者缺一不可。

要点是具体地确定二者。

并且，我们需要铭记已经确定的写作目的和读者，因为在收集素材和写文章时，常常不知不觉就忘了。

因此，要在储存了素材的"邮件草稿"文件夹和实际写文章时纸面的最前面，写上下面两个内容。

- 目的：○○
- 读者：●●

关键是要写在显眼的位置。

现在，我试着设定具体的场景来教大家如何根据写作目的和读者，来想象素材的变化吧。

如果只给了**"交通安全"**的题目，要求写一篇文章，你该写什么呢？

- 关于制定维护交通安全的规则。
- 悲惨的交通事故给受害者带来了什么后果。
- 挑选出交通事故的数据，进行今昔对比。
- 新款汽车采用怎样的安全对策。

可以考虑很多很多。

我们在犹豫写什么时，不知不觉就已经花费了相当长的时间。

因为主题太模糊了，所以毫无头绪。

这样的话，我们就很难想象读者是谁，为了什么目的而读。

如果把写作目的定为"预防交通事故"，读者定为"老年人"，会怎么样呢？

- 老年人引发交通事故的原因有哪些？
- 老年司机引发的交通事故，在数量上是如何变化的？
- 和年轻司机相比，老年司机需要注意哪些方面？
- 为了预防老年人遭遇交通事故，需要注意哪些地方？

这样一来，写作内容和需要搜集的素材就具体、清晰了。

接下来，如果这次只给你一个"自杀"的题目，要求你写一篇文章，该怎么办呢？

- 自杀者的人数是如何变化的？
- 如何预防自杀？
- 试着比较国内外自杀的相关数据。

但是，这样的思路还是不清晰。

如果将目的定为"校园欺凌导致的自杀的预防方法"，读者定为"小学生"，会怎么样呢？

以"小学生之间发生的校园欺凌导致的自杀"为主题，写作思路一下子就清晰了。

如果把这两篇文章的读者互换一下，情况会发生怎样的变化呢？

第一篇文章的写作目的是"预防交通事故"，读者是"小学生"。

第二篇文章的写作目的是传播"校园欺凌导致的自杀的预防方法"，读者是"老年人"。

如果是以"关于老年人的交通事故的预防"为主题的文章，那么素材就是"老年司机引发的交通事故逐年增多"和"傍晚时分事故多发"这些内容。

如果读者换成小学生的话，文章的素材就应改成"横穿斑马线的时候要注意右转车辆""即使是绿灯亮时也有可能发生交通事故"这些内容了。

关于校园欺凌事件，也是同样的道理。

如果以"小学生之间发生的校园欺凌导致的自杀"为主题，素材应该是实际发生的校园欺凌事件。

如果读者换成老年人，使用关于校园欺凌的统计数据更加具有说服力。

如上所述，**读者和目的改变**的话，**素材就完全不同了**。

▶▶ 如果采访福山雅治，你的读者是谁？

我在写文章的时候也是首先确定目的和读者，其次开始收集素材，然后构思文章架构；在接受工作的时候，必定和委托人进行预先商洽。

有一件令我印象深刻的事情，是来自讲谈社的《现代周刊》的委托，让我为福山雅治先生写一篇专题报道，并在文章中配上他的照片。

报道的目的本来是**"给读者打气加油"**。

《现代周刊》的主要读者群是 60 岁人群。正常来说，我会收集面向 60 岁人群的素材来书写报道。

于是，我向编辑部负责人确认目标读者是否为 60 岁人群。

但是，我意外得知编辑部策划这篇专题报道的另一个目的是通过福山先生的专访来吸引年轻读者群。

这个"年轻读者群"指的是 40 岁人群。也就是说，这篇报道的表面目的是"给读者打气加油"，而真正目的是**"吸引 40 岁的读者群"**。

目的不一样，素材就完全不一样。即使目的同为"打气加油"，如果读者分别为 40 岁人群和 60 岁人群，那么福山先生要讲的内容也会完全不同。

直率地说，如果是面向 60 岁读者群，那么福山先生讲话的主要内容就是如何充实退休后的老年生活。如果是面向和福山先生同龄的 40 岁人群，那么福山先生要讲的主要内容就是为了美好生活大家一起加油之类的话。

最终，我以后者为思路写下这篇报道。

我如果没有向编辑部负责人仔细询问这篇报道的读者，那么就会写出完全偏题的报道。

对我而言，写文章的时候，必须先**确定读者和目的**。特别是第一次合作的杂志和网站，我必定会仔细确认读者和目的。

希望大家也能做到这一点，一定要仔细确认读者和目的。

如果在没有确定读者和目的的情况下就贸然开始写文章，就很有可能写出偏离主题、令人费解的文章。

写出面向任意读者的"有趣的文章"的方法

确定了目的和读者，要收集的素材就清晰可见了。

这是我一直强调的一点，想必大家已经理解了。

接下来，我来讲一下"要选取什么样的素材"。

在我强调"确定目的和读者"时，可能有人会说：

"有必要确定目的和读者吗？真是太麻烦了！"

"把自己觉得有趣的内容当作素材不就行了？"

有时，我也想只写自己觉得有趣的内容。

▶▶ 巧妙地避开写出无人问津的"无趣的文章"的方法

首先，我必须提醒大家一点，你觉得有趣的内容，读者不一定也会觉得有趣。不注意这一点，可能就会选取不当的素材。

因为**"有趣"的标准因人而异。**

比如，经营者对管理技巧十分感兴趣，而刚毕业参加工作的新人则可能对此完全没兴趣。

再比如说，关于视察半导体工厂这些闲闻逸事，喜欢机械的同事可能会深受触动。但是，对喜好文艺的同事而言，这些内容可能只会让他们觉得枯燥无味。

对喜欢电影的人和几乎不看电影的人而言，"有趣的电影"的标准也会大相径庭。

轻率地将自己觉得有趣的内容作为素材的话，就有可能想当然地写出谁也不感兴趣的文章。

▶▶"创造"文章的趣味性的方法

接下来讲一下"该如何选取读者觉得有趣的素材"。

在此之前，确定写作目的和读者非常重要。

思考写作目的和读者定位，就可以想到"有趣的内容"，进而选取恰当的素材。

为了写出读者认为的趣味性，需要把握周围的情况，我将其称为把握"行情"。

说到底，读者会觉得什么内容比较有趣呢？

我认为这个"有趣"有很多定义。

大多数人会对**"想知道的东西""感兴趣的东西""便利的东西"**感到有趣。

也就是说，**知识水平和感兴趣的程度**不同，**"有趣"的标准也不同**。

这样的话，有趣与否和作者自身的感觉无关。不搞清楚读者觉得有趣的地方，就绝对无法写出有趣的文章。

那么，接下来，我来介绍具体该如何写出读者觉得有趣的文章。

▶▶ 亲身了解读者接触到的信息

我会以**"听他人说"**和**"接触信息"**这两种方法来寻找读者的兴趣所在。

假设我要写以 30 岁女性为读者群的杂志报道，该如何找到读者感兴趣的地方呢？如果是写新闻报道的话，就像前面提到的关于福山雅治先生的采访一样，直接询问编辑部负责人就可以了。

• *读者是谁？读者出于什么目的而读这篇文章？*

同时，也向可能会成为读者的 30 岁女性友人询问以下问题：

- 对什么感兴趣？接触到什么信息？
- 知道什么，不知道什么？

通过询问这些问题，自己也可以亲身接触一下这些信息。

此外，还可以去读一读女性杂志和面向女性的网站上的文章，然后试着体会：

- 什么词语备受青睐？什么商品和颜色更受欢迎？

比如，现在日本最大的网络媒体雅虎新闻，刊登面向所有年龄层读者的报道。

首先，在网站中找到与自己的目标读者一致的报道，试着读一读。在报道的下面，通常会有其他相关报道的链接，点击打开这些链接，读 5～6 篇基本上就可以了解这些读者感兴趣的东西。

你是不是觉得上述方法只是写杂志报道的特例呢？

其实，一般商务人士的职场写作也是同样的道理。

比如，你要写自己公司 AI 技术的介绍文。

前面已经说过，发到招聘网站上用于招聘学生的公司简介和投稿到 AI 专业杂志的介绍文，二者的目的和选择素材的方法是不一样的。

学生和专业杂志的读者，对电脑和 AI 的感觉是完全不一样的。如果是学生，用"AI 为何备受关注"这一点打开话题，可能会比较容易接受。如果是专业杂志的读者，则对"技术方面可以和其他公司相媲美"这些专业话题更感兴趣。

确定**目标读者**，就可以很好地把握他们**感兴趣的内容**，进而可以选取读者更感兴趣的素材，而非自己觉得有趣的素材。

▶▶ 预先了解"自己是被如何看待的"

关于如何寻找读者感兴趣的东西，还有一点需要提醒大家，就是"作者自身也是被观察的对象"。

读者经常会留意**"这篇文章是谁写的"**。

村上春树有一本名为《我的职业是小说家》的畅销书。

极端地说，如果我出一本名字一样的书，你在书店看到后会有何感想？

你肯定会想：这家伙是谁呀？

我不是小说家，自然也写不出可以和村上春树的作品相媲美的小说。《我的职业是小说家》这本书，从策划到书名，再到小说的内容，因为它的作者是著名的小说家村上春树，所以才被大家喜爱和接受。

再给大家举个商务场合的例子。

假如你作为营业部门的员工，营业部全体员工去本公司的物流中心进行参观学习，如果要求你写参观报告的话，你会怎么写呢？

此外，40 岁员工和 20 岁员工写的内容可以一样吗？

公司希望 40 岁员工站在高层领导的立场，从管理和战略等方面来写报告。

如果是 20 岁员工，即使勉强从战略层面来写报告，大概也会被认为是不切实际。对 20 岁员工的期待一般是立足于基层的报告。

也就是说，如果读者认为"这是你该说的话吗""你还不够格"，那么不论内容写得多好也于事无益。希望大家一定要注意，作者自身也是被观察的对象，**不要写与自己的身份、地位、才能、资历等不相称的内容。**

▶▶ 如何写出"充满人情味的文章"

把握时代背景，留意周围的情况变化，尽量写出体谅他人的文章，能在要求严苛的情况下帮到你。

比如，给上司提交报告书，部门业绩大好和业绩不振时的内容与写法可以一样吗？如果不留意**上司的精神状态**就贸然写，可能会平白无故地遭受批评。

此外，请考虑一下如下场景：你合作的公司正在经历丑闻事件，被媒体围追堵截，处境十分严峻。此时，你要向合作方的负责人发邮件，文末可以继续写"祝愿贵公司发展越来越好"这样不合时宜的话吗？

往大方面说，"时下的社会动态"会成为大的背景。

东日本大地震之后，日本社会呈现一片悲哀的氛围。如果在这种社会背景下，你们公司要举行记者招待会，什么样的讲话内容比较合适呢？

又或者说，发生了穷凶极恶的犯罪事件，甚至发生了震惊世人的死亡事故之后，社会会呈现出什么样的氛围呢？

在认识到这些事态背景的同时，收集合适的素材，**去掉不合适的素材**。只有把握当下的事态动向，才有可能做到这一点。

也就是说，把握**当下的事态动向会成为你的"武器"和"护具"**。

如果可以正确把握时下的社会动态，就可以战略性地思考"什么是读者感兴趣的东西""什么不可以写"，进而准确地选取素材。

快速写作的行为习惯【目标读者和写作目的篇】

◎ 你想要通过这篇文章表达什么？

◎ 被委托写文章的时候，向委托人确认真正的写
  作目的。

◎ 不要写面向所有人的文章。

◎ 确定具体的某一个读者。

◎ 无法确定目标读者的情况下，将某个熟人确定
  为读者。

◎ 搞清读者的兴趣和知识水平之后再开始写。

第3章

收集素材篇：尽力去收集素材

你心里想得透彻，你的话自然明白，表达意思的词语自然会信手拈来。

——尼古拉·布瓦洛·德普雷奥

（法国诗人，代表作《诗的艺术》）

最有用的素材收集方式

要写几千字、有一定内容的文章，需要几天至一周的时间。

在确定目标读者、写作目的和写作内容之后，**立刻开始寻找素材。**

花大量时间尽量收集大量素材。

写一篇短小的文章也是一样的道理。即使被要求马上开始写，也要尽力在有限的时间内立刻着手收集素材，这样就可以最大限度地缩短时间。

▶▶"尽量多收集，最后再删减"是最快的方法

前面也提到过，有的人在**毫无准备**的情况下就开始写文章，更有甚者，在**动笔之后才发现素材不够**，然后重新

开始收集素材。这样**最劳神费力**，而且得不偿失。

可能有人会说："那在截止日期快到的时候，开始收集素材，然后一气呵成写出来不就可以了？"

但是，这是行不通的。因为不擅长写文章的人都有"文章必须一口气写完"这样的心理压力，在这样的心理状态下，是没有心思专注做其他工作的。

此外，临时抱佛脚收集的素材大多质量不会太好。

没有收集到好的素材就开始动笔写，于是一边写一边自我怀疑："写这样的内容没问题吗？""应该还有其他更好的素材吧。"在自我怀疑的情况下，写作速度自然也提不上去。

尽早开始收集素材，备齐大量素材，自然就有信心动笔写文章了。

要写的内容已经了然于胸，就不会出现无法动笔、不想写、写不下去的情况。

相反，说不定会跃跃欲试，想快点动笔写。

素材越多，心理负担就越轻。

如果素材过多，最后再删减就行了。

素材要尽量多收集，最后再删减，这是最高效的方法。

▶▶ 通过做笔记，让素材不断增加

接下来进入正题：如何收集素材。

人脑是非常神奇的，如果你一直想着某件必须做的事情，可能突然会灵光一现。

确定写作目的和目标读者，开始收集素材时，可能在某个瞬间，你突然一拍脑门："啊，这个可以作为文章的素材呀！"我想很多人应该都有过这样的经历。

重要的是，突然浮现在脑海的素材，一定要**毫无遗漏地、真实地记录下来**，也就是要把自己的灵感做好笔记。

不要遗漏，全部记下来，因为后面很可能就想不起来了。

千万不要相信自己的记忆力。

我在采访某位大学教授的时候，曾经问教授："人为什么马上会遗忘呢？"人类不擅长短期记忆，会很快遗忘。

但是，健忘是从一开始就存在于人类的基因中的，这是人类的本能。

远古时期，人类和其他动物一样居住在森林里。森林

里到处都是猛兽和带有剧毒的昆虫，人类稍不留神可能就
会被吃掉。

所以人类必须时刻留意周围的情况，不能掉以轻心。
如果不专注于眼前的事情，就意味着会丢掉性命。

在这样的状况下，如果想着其他的事情，就会分散注
意力，无法很好地留意周围的一切，一不小心就会丢掉性
命。为了防止出现这样的事情，人类会马上忘记之前的事
情，专注于眼下。

所以，突然想到的事情，是外部记忆，必须做好笔记。

这顶多是我个人的见解，但是我认为确实是这样的：
突然想到的事情，必须做好笔记。

如果有突然想起来的好素材，不要多想，马上做笔记。

这样一点点地储存素材。

比如，写工厂视察这样的体验报告，就要实际去工厂
进行取材。这个时候，重要的是把所见所闻全部记下来。

你可能不喜欢做笔记，但是这些笔记都会成为接下来
要写的文章的素材，有了这些素材，你就可以毫不费力地
快速写文章了。

而且，取材的时间是不变的，没有必要觉得做笔记是
浪费时间。

在有限的时间内，笔记越多，对写作越有利。

如果开始写才发现什么都想不起来，更糟糕的是要去重新取材，这就事倍功半了。

▶▶ 把"所见"变成素材

在收集素材的时候，还希望大家记住一点。

笔记内容不限于听到的东西。

刚才提到的工厂视察报告的例子，在参观时，有时会有向导为我们进行详细说明，我们不仅要把听到的介绍、说明做笔记，还要**把看到的也做笔记。**

工厂的入口有多宽敞。

墙壁是什么颜色。

是否装饰有体现工厂文化之类的历史展品。

将这些所见的事实做好笔记，它们就会成为接下来写文章的宝贵素材。

实际上，我自己在写报道的时候也是这样做的。

比如，在采访社长的时候，社长办公室的陈设很有厚重感。

如果我只是照搬写下"很有厚重感"的话，读者很难具体想象是什么样的"厚重感"。"很有厚重感"这样的大空话，就算是没有去过社长办公室的人也可以写出来。必须写出有厚重感的具体内容。

那么，墙壁、地毯、桌子、沙发的特征，从窗户向外看去的景色等，这些体现厚重感的具体内容都应该提前做好笔记。

通过把"所见"写入文章，就可以向读者具体展示社长办公室的厚重氛围，**让读者身临其境**。

除了听觉，还要充分活用其他感觉。

具体而言，就是调动触觉、嗅觉、味觉等，最大限度地获取信息，并且认真做好笔记。屋里古色古香的物件说不定也可以表现出厚重感。

▶▶ 把"自己的感觉"变成素材

为什么"感觉"可以成为素材呢？

首先，作者的"**亲身体验**"会让文章充满说服力。

不是道听途说，而是亲身体验，仅凭这一点，就可以**让文章充满说服力**。

此外，更重要的一点是，记录**自己的体验、内心的感**

受和见解。

做到这一点，就可以轻松快速地写作。

在似懂非懂的情况下动笔写的话，不仅费时间，还有可能写出晦涩难懂的文章。

将自己的亲身体验融入文章，不仅可以大大提高写作速度，还可以让文章充满说服力。

将素材逐条排列试试看

一直在说抽象的道理，接下来看看素材的实例。

在写本书的前言时，我也是准备了足够的素材的。

下面来介绍其中的一部分。

- 写东西的时候觉得很痛苦。
- 写开头第一行，我都需要花很长时间。
- 写的文章无法很好地表达真正目的。
- 经常要打回来重写。
- 凑不够字数。
- 帮助需要写文章的人解决这些烦恼。
- 当今时代比以往任何时代都需要"写作"。
- 回顾一天的工作，你应该花了很多时间在"写"这件事上。

- 如果能加快你的写作速度，那么你的工作速度自然也会变快。

- 越会工作的人，写作的速度越快。

- 我写完一本书平均要花 4 到 5 天。

- 在成为自由撰稿人的 23 年里，我从没有一次逾期交稿。

- 商务写作无须花过多时间斟酌文采。

- 把你的思维集中在"写什么"上，而不是"怎么写"上。

- 读了此书之后，希望大家立马开始行动。

这些单独的一条一条的素材无法成为文章。

别说是文章，简直就是杂乱状态的分条信息。

但是，这都没关系。把那些突然闪现在你脑海中的素材记下来就可以了。重要的是，在你灵感闪现的时候，**当场、立刻记下来**，快速、简短地记下来。

▶▶ 使用"邮件草稿"是储存素材的最好方法

我们不知道什么时候会想起素材，也不知道在什么地方会发现素材。

那么**素材记录本必须随时随地携带。**

所以，使用手机做笔记再合适不过了，我就是用手机做笔记的。

现在没有手机的人越来越少了，大家一定要充分利用手机来做笔记。

手机里有很多做笔记的软件，我是用**"邮件草稿"**来做笔记的。这个"邮件草稿"的功能非常好用。

因为经常要使用邮件，所以这个功能一直处于待用状态。

可以无限制地大量储存，想写多少写多少。

可以提前给相关素材命名，方便以后进行查找。

将手机和邮箱同步的话，就可以在电脑上查看。

必要的时候可以将其发送给任何人。

简直是好处多多。

▶▶ 分类将素材放进去

做笔记的方式很简单。打开新文件，将新文件命名为工厂视察报告、某某企划书等，然后将灵光一闪想到的素材写进去就可以了。

　　大家可以试着像我这样，把平时获得的大量素材做好笔记进行保存。

> - 正在写的稿件的素材笔记。
> - 企划书的随机杂乱的笔记。
> - 下周采访要问的问题条目的笔记。
> - 演讲和讨论会内容的笔记。
> - 采访过程中听到的名言。
> - 酒会和派对上听到的有趣的话和关键词。
> - 写杂志报道的时候，在手机上面写下报道的文字架构。

　　顺便提一下，不仅仅是写文章，你突然想到的事情、必须买的东西等，都可以放在"邮件草稿"里面。

　　我之前也提到过，你突然想到的事情，很可能马上会遗忘。所以不管什么内容，马上做笔记。必要的话，可以立马给自己发个邮件。

　　这些都是我个人的见解，大家可以参考。现在的手机非常便携，用在收集素材方面真的很方便。

在手机上不停地做笔记，屏幕慢慢被填满，感觉已经收集了很多素材。

收集素材就会慢慢变成一件令人开心的事情，这个效果可是不容小觑的。

素材早已在脑海中悄悄储存

在洗澡的时候，或者在坐电车的时候，突然灵光一闪，一个好主意从脑海中冒了出来。大家有没有这样的经历呢？

素材突然从脑海中闪现，我想很多人都有过这样的经历。

我采访过的很多艺术家、创作者和经营者，大家都有过这样的经历。

▶▶ 一流商务人士去健身房的理由

在采访某个知名的创作者时，他曾对我这样说：

"好点子不是坐在桌前绞尽脑汁想出来的，更多时候是在某个不经意的瞬间，突然从脑海中闪现出来的。"

他说，尽管准备好了纸笔，打开了电脑，可就是没有灵感。

他还说，人在下意识去思考的情况下，大脑会一直处于思考状态。但是，虽然大脑在思考，这些想法却无法直接调动出来。在某个契机，大脑放松的时候，沉睡在脑海里的想法会突然闪现出来。

总而言之，尽管有意识地拼命想素材，可就是想不出来。

所以他建议我们**不要刻意去想素材**，而是**一边思考一边试着做一做别的事情**。

在经营者和创作者中，有很多人每天去健身房。他们去健身房不仅仅是为了锻炼身体、减肥和扩大交际网。

看着那些在跑步机上挥汗如雨的人，可能很多人会想：没必要在室内跑步吧，去外面跑步不就行了？

另外一个创作者曾跟我说过，他在踏上跑步机前，会事先摊开笔记本。

实际上，有人为了想出好的点子，会特意去健身房跑步。

我周末也会跑步。

我跑步的时候，并不会刻意地集中精力去思考什么，而是在放空自己的状态下，一边跑步一边呆呆地想事情，但是很多时候某个点子就会突然从脑海中冒出来。

有时候脑海中会浮现出某个好的素材，或者突然想起某个好的章节题目，或是想出某个文章的架构。

和坐在桌前苦思冥想相比，一边干其他事情一边思考，**灵感闪现的可能性更高。**

▶▶ 通过闲聊轻松引导出素材

给大家分享一个我采访一位世界著名的日本艺术家的故事。

我非常好奇那些不断创造出震惊世人的艺术作品的人们，他们是怎么想出那么多好点子的呢？我曾经以为，那过程一定是十分孤独枯燥的。

但是，真实情况完全不是这样的。完全没有孤独枯燥，而是和多个员工一起，一边开会一边想出来好点子。

大家围着圆桌，有一搭没一搭地闲聊。

不会马上就有好点子，也不会特意去想。大家天南海北地聊着。

就这样闲聊着，在某个契机下，突然受到启发，灵光闪现。

　　这和之前提到的让大脑放松，一边干其他事情一边想有异曲同工之妙。

　　好的主意往往沉睡在脑海深处，自己一个人很难调动。但是在**和他人闲聊**的过程中，就有可能激活这些灵感。

　　我听到这些话之后，但凡接到工作，都会和负责的编辑进行大范围的讨论。这确实可以让我想出很多好主意，或者受到启发，突然想起脑海深处的某个素材。

▶▶ 将 1 个素材增加为 10 个素材的"联想游戏"

　　这种和他人交流获取灵感的方法需要交流对象，自己一个人很难做到。所以，我的做法是**一个人进行"联想游戏"。**

　　因为通过和他人交流想出观点，说到底就是无意间受到对方某句意想不到的话的刺激，脑海中突然迸发某个主意。

　　这样的话，自己说出意想不到的话，不就可以了吗？类似于一个人进行"联想游戏"。

首先，拿出任意一个素材。然后，试着想出另外一个素材。

这样的话，就可以从现有素材联想出另外一个素材。

再稍微说得具体一点吧。

首先，在我们收集素材，将素材做笔记的阶段，不要想这个素材能不能用，而是将想到的素材按顺序写下来就可以了。

然后，收集满 10 个或者 20 个素材时，我们重新来看看所有素材。这时候，你会意外地发现可以将其中的一部分素材分类，比如"这两个素材可以用这个题目汇总到一起"。

我们在观察局部的**"叶"**素材时，会发现将这些局部的**"叶"总结**到一起，可以**成为一个"枝干"**。

比如，在写以"家务小智囊"为主题的企划书时，我为了挑出"家务"，首先杂乱无章地罗列了以下的素材：

- 整理起居室，补充厕纸，买食材，洗衣服，晾衣服，叠衣服，铺被子，做早饭，做晚饭，准备宠物的饭，送孩子去保育园。

我暂且写了这么多，大家稍微浏览全体素材应该会发现，可以用"时间"对家务进行分类汇总。

- 早上：做早饭，洗衣服，晾衣服，整理起居室，送孩子去保育园。
- 晚上：铺被子，叠衣服，买食材，做晚饭。

像这样按照时间进行分类的话，就可以以"时间"为基础联想出新的素材。

- 早上扔了垃圾，还淘米做饭了。晚上打扫了浴室，还洗碗了。

像这样就可以根据现有的素材找出汇总这些素材的"枝干"，根据这个"枝干"联想出新的素材。此外，说不定还可以发现新的"枝干"。

通过现有的**"叶"素材**，找出**汇总现有素材的"枝干"**，在"枝干"和"叶"之间**不断联想**的过程中，即使只有一个人，也可以收集一定量的素材。

▶▶ 快速写出长文章的方法

在写长文章的时候，以上方法不仅适用于收集素材，也适用于缩短写作时间。

之前也说过，如果在动笔写之后才发现素材不够，然后从头开始搜集素材的话，就会花费更多时间，写作速度也会大大减慢。

如果我们意识到汇总素材的"枝干"，就可以避免走这样的冤枉路（详细内容会在终章里介绍）。

写长文章时，找出汇总素材的"枝干"，提前准备好文章的架构，可以大大提高写作速度。

用刚才介绍的方法收集素材的话，就可以发现，通过汇总素材的一个"枝干"可以收集到很多的素材。但是，你会发现有的"枝干"枝繁叶茂，有的"枝干"光秃秃的，没有素材的"叶"。

因此，我们需要**砍掉光秃的"枝干"，只留下枝繁叶茂的"枝干"**。

从素材收集到文章架构，在某种程度上都可以通过这种方法完成。

加倍收集素材的 "时间使用法"

接下来讲一下高效收集素材的方法。

要快速大量收集素材，需要一些技巧。

我不管是写书籍还是写企划书，几乎都是在 **"移动过程"** 中收集素材的。

- 从采访地返回的电车中。

- 在采访间隙，走在街上的时候。

- 去咖啡店小憩，喝咖啡的时候。

利用这些**细碎的时间**来收集素材。

▶▶ 不管多么紧急都要好好收集素材

之前提到过的"不经意的状态"，更容易出现在人活动的过程中。除了跑步和闲聊，我们还有其他可以收集素材的"不经意的状态"。

坐电车的时候，车内的海报、贴画、广告等，各种各样的信息会不断映入眼帘。很多人上上下下，各种行为举止等都会出现在眼前。

我们在看着这些事物和人的行为举止时，在某个瞬间，**会突然产生某种联想**，受此启发，脑海中**闪现出新的素材**。

不仅仅是在电车中，在咖啡店小憩的时候，早早到达采访地点然后坐在前台的沙发等待的时候，这些碎片时间都可以用来收集素材。

周末去参加派对，或者陪妻子和女儿购物的时候，不要坐在那里发呆，而要在脑海中不断循环回想素材。你会发现，脑海中会浮现不同角度的新素材。

在各种各样的环境下，都尽可能地积极收集素材。

将意见转变为素材的方法

再给大家介绍一个即使只有一个人也可以收集素材的方法。

素材是独立的事件、情节和数字，也就是你想告诉读者的内容。但在某些情况下，作者的意见和感想也可以成为素材。

▶▶ 为什么有人可以 20 年不间断地每天写专栏呢？

我在采访《天天日刊新闻》的糸井重里先生时，有一件事情让我印象深刻。

《天天日刊新闻》的手账非常有名，糸井先生自己也在用这个手账，但是据说"并没有用手账记录日程"。理由很简单，糸井先生的日程基本是由秘书管理的。

那么，糸井先生用手账记什么呢？是**"每天的随感"**。

糸井先生将自己每天的所思所感全部记在了手账上，将每天发生的事情也一起记录下来，这些笔记成为每一天独有的珍贵记录。也可能是糸井先生每一天都有感想，所以才能做到天天记录。

应该也有人知道糸井先生在《天天日刊新闻》的首页写名为"今天的亲爱的你"的随笔。

而且从网站开设之日起，他连续 20 年写这个随笔文，无一日间断。

糸井先生正是因为**每日不间断地写随感**，努力收集素材，所以才能成为职业撰稿人，甚至是一流的作者。

▶▶ 擅长评论的人做的事情

即使是很少写文章的一般商务人士，也可以模仿糸井先生的做法。

不仅仅是写文章，很多人在开会的时候，在和客户闲谈的时候，当被问到"所思所感、意见"等问题时，都很难流畅地表达出自己的想法。

但是，如果每天坚持写随感，自己的感想就会得到积累。自己对什么感兴趣，为什么感动，这些**对事对物的感知就会变得敏锐**。

每天写的随感就是素材的宝库。

可以分享的素材就会不断积累。

写博客这类文章自然不在话下，被要求"在早会上说说自己的想法""谈谈关于本次项目的感想"时，也是不用刻意去思考就可以轻松应对。

我认为，这些拥有机敏的评论能力的人应该会**有意识地写随感**，积累自己的感想。即使不一定要写成文章，也会在平时储存自己的意见和感想，以备不时之需。

▶▶ 漫无目的收集到的素材最适合博客和 SNS 文章

我的"邮件草稿"里写满了素材，这些素材也会用于研讨会上的**讲话资料**和**书的策划**。我不需要写博客，但是即使要写，也不用担心没有素材，因为这个世界真的是素材的宝库。

比如在往返采访地的电车里，坐在旁边的人读的杂志、高中生的时尚打扮、广告牌上的广告词、乘客盯着手机的画面、张大嘴巴午睡的男人……

即便是出了车站，也可以看到途中有特色的店铺、高楼林立的大街、狭小胡同里的古老民居、从未见过的车、戴着耳机同时玩手机和滑板的年轻人……

把这些所见所感都做好笔记，储存下来，日后它们会成为**社交网站文章的素材**。平时有意识地收集素材，就不会在需要素材的时候为素材所困了。

将对话录音可以超快速收集素材

在本章的最后给大家介绍从自身引出素材的宝贵方法。

那就是"让别人来采访自己"。

这个方法在需要紧急收集素材时特别有用。

之前写过，**通过和他人交流来引出素材**。很多人在写文章的时候打死也写不出来，但是被提问的时候可以轻松应答。

这一类人，只要**有意识地制造出对话的环境**就可以轻松解决问题了。

将对话录音，将对话内容变换为写作素材即可。

我在准备这本书的素材时，也和我的责任编辑进行了几个小时的讨论。

从写企划书的阶段开始，我的编辑就向我提出了很多问题，我对这些问题的回答都会成为可以收集的素材（这本书的目录）。仅凭自己一个人从零开始收集所有素材是很困难的。

如果觉得请别人采访自己很害羞的话，你可以拜托对方将你们在咖啡店或者餐厅的对话录音。有手机的话可以很简单地录音。

至于具体的对话方式，你可以事先准备好关于要写的题目的一些问题，交给对方就可以了。

随着对话慢慢地展开，在一问一答之间，你可能会惊讶地发现，自己会说出连自己都觉得很吃惊的内容。当然，**对方的观点**也会成为素材。

在对话过程中，应该会出现很多可以收集的素材。

此外，就算不录音，在交流的过程中可能会用到的素材，例如突然想起的事情、意外的观点，要立刻在手机上做好笔记，也会有不错的效果。

快速写作的行为习惯【收集素材篇】

◎ 收集素材要"尽量多收集，最后再删减"。

◎ 突然闪现的观点要马上在手机上做好笔记。

◎ 所见所闻所感，全部做笔记。

◎ 利用"邮件草稿"来储存素材。

◎ 一边做其他事情（健身或者散步等），一边思

考素材。

◎ 利用坐车等碎片时间来收集素材。

◎ 通过和他人闲谈来收集素材。

◎ 通过一个素材联想出其他素材，让素材增多。

第 4 章

配置素材篇：
将素材按照易读的顺序来排列

文采是来自思想而不是来自辞藻。

——奥诺雷·德·巴尔扎克

（法国小说家，代表作《人间喜剧》）

当所有素材处于"可视状态"时，写作速度就会大大提高

接下来会给大家讲准备好素材后，应该如何将其写入文章。

为了写出易读易懂的文章，该如何编排素材呢？

动笔之前，首先要做的是对收集的**素材全部进行"可视化"处理**。

素材还处于一团混沌的状态就动笔写是大忌。

一定要先将素材全部写下来，让其"可视化"。

我写文章的时候会将手机里的素材同步到电脑，一边排序一边准备写作。

然后将排序后的素材全部打印出来放在手边，边看边写。

要写一本书的情况下，因为素材量太大，我会用 word 文档做出目录打印出来，边看目录边写。

以前我会将素材逐条手写在白纸上。

即便是现在，要将笔记上的采访素材或者资料整理成文章时，我也经常会先在白纸上将素材按顺序写出来。

可能有人会觉得"不用这么麻烦吧，快点开始写才能写出来吧"，但是，写之前**先将素材按照顺序写出来**是很重要的。

因为提前将素材写出来可以**排除写作速度减慢**的可能性。

如果一开始嫌麻烦，懒得写出素材的话，就可能出现"素材不够，从头开始收集素材"的情况。

这会大大**减慢**写作速度。

"像对话那样来排序"的话，文章变得更易懂

那么，假设收集的素材已经全部进行"可视化"处理了。

当然，只是把素材罗列在笔记本上，它们是无法成为易懂的文章的。那么要写出易懂的文章该怎么编排素材呢？

我的方法很简单。

假设读者就在你的眼前，如果让你直接写给这个读者，你会按照什么顺序呢？

▶▶ 对话中对方无法理解的时候，是什么反应呢？

"像对话一样来写文章"并不是"用口语来写文章"。

我们要去思考，在**和别人对话**的时候，该如何**表达清楚**，这一点对写出易懂的文章很重要。

这个"别人"可能是你的上司、客户、友人和父母，也可能是其他任何人。

请想一下你是如何和别人对话的。

比如，你见到了好久不见的初中同学，你们一边喝酒一边聊起了近况。这时，对方问你最近在做什么工作。

然后你正好以当天发生的贸易谈判为例，分要点地对其进行解释。

这时候，对方这样说道："咦？这是怎么回事？抱歉，我不是太明白……"

你稍微有点着急了，但是还是耐着性子重新解释了一遍，对具体内容简明易懂地进行解释，举出其他例子，将专业用语换成普通用语，调换说明顺序，等等，想了很多办法让对方明白。

我想在谈话的过程中，大家都会有这样的经历。

"等一下，刚才的话，我不是太明白。"

"然后呢，你到底想说什么？"

"你可以浅显易懂地解释吗？"

"……"（一脸茫然的样子。）

这是谈话过程中很常见的场面，并不是什么罕见的事情，也不是什么不好的事情。

重要的是，在谈话过程中，对方若没有**理解**你说的事情，**马上就会有反应。**

你可以据此调整说话的内容和方式。

马上修改说话内容，实现"重新表达"。

大家已经明白我想说的内容了吧？

但是，**文章没有"重新表达"的机会。**

读者如果不明白，很可能就**不会接着往下读**了，特别是商务方面的文章。

之前也提到过，因为"必须写好文章"和"写文章本身成了目的"这些陷阱，所以人们很容易写出令人费解的文章。

但是，"对话"就可以很好地解决这个问题，"对话"就可以为我们写出易读易懂的文章提供帮助。

▶▶ 想象读者就在自己的眼前，自然而然就可以确定素材的顺序

假设你在同学聚会上见到了好久不见的中学同学，这个同学刚好从事和你完全不同的工作，这个时候你要向他

解释你的工作。假设你最想说的是"流通机制转变，利益倍增，太开心了"。

　　对方很可能对你的工作一无所知，所以你如果一开始不解释流通行业的基础机制和流通构造的话，对方可能无法理解你开心的理由。

　　对方因为不知道你讲话的前提，所以很可能就无法理解你的结论。

　　但是，对这些"前提"（你的行业的基础知识）的解释过于冗长的话，可能对方会听不下去。所以，这时候，你这样说道："最近流通行业发生大变革，利益一下子翻倍了！"

　　从结论开始讲的话就能激起对方的兴趣。

　　然后你继续讲道："我尽量简单易懂地解释，你稍微耐心点儿。本来我们公司流通的机制是……"

　　你向对方**解释了前提条件**。

　　相反，如果是和同行业的伙伴喝酒的话，就没有必要解释这些前提条件。

　　"那个流通革命的影响怎么样？"

　　"简直超出想象，利益翻倍！"

　　"哇，这么爽！"

与同行对话就会变成这样的情形。

也就是说，不管是谁，在和眼前的人对话的时候，都必须**考虑对方的知识水平**，根据对方**易懂的顺序和逻辑方式**来讲话。

这个道理同样适用于写文章。

没必要一开始就套用别人写文章的模板。

因为当你**编排素材时**，你会**假设读者就在眼前**，通过对话方式把意思传达给他。按照这个思路写出的文章自然就特别容易理解了。

这个时候，"确定读者"就发挥它的作用了。

大家可以想象对方的知识水平和信息理解能力，揣摩对方的兴趣点，想出最容易让人理解的素材编排顺序。

可以流畅阅读的"入口"和"出口"

　　我一直认为，没有人喜欢读文章。

　　因为我自己曾经也不擅长写文章，讨厌读书。而且，我认为大家都很忙，没有闲工夫去读文章。

　　所以，**没有人想主动读文章。**

　　对脸书和 SNS 也是一样的。读者查看时间轴里大家的动态只是想获取有趣的信息或者了解好友的近况，并不是想读文章。

　　对企划书和博客也是一样的道理。可能读者在浏览企划书和博客的过程中发现了挺有意思的内容，然后一直读了下去，但是一开始并非抱着想读文章的目的。所以，你必须想："该怎样吸引读者来读自己的文章呢？"

　　因此，大家一定要意识到，**文章开头**的重要性。

　　如果开头就很无趣，那么就算接下来的内容很有趣，也没有意义。可以肯定的一点是，**开头就很无趣的文章，吸引读者读到最后的可能性非常低。**

▶▶ 绝对不能从惯用句开始写

"开头无趣的文章"的典型例子是以第一人称"我"开头的文章。

因为不用说读者也知道文章内容是你的所见所感，所以，以"我"来开头写的话，一下子就让读者失去了读下去的兴趣。

即使是商务邮件，也大多以"平日承蒙关照"开头，以"今后也请多多关照"结束。

至于为什么要使用这样的惯用句，那是因为作者直接套用就可以了，十分方便。

所以使用惯用句只是**作者图方便**而已。

如果是事务性的邮件还好，如果是很重要的文章，那么还是不要套用惯用句比较好，因为很有可能会被跳读。明明素材很有趣，开头却用了惯用句，落入俗套，让读者失去兴趣，那就太冤枉了。

另一方面，开头尽量不要写读者很难认同或者容易招致读者反感的内容。

▶▶ 请注意开头的作用是为了吸引读者读下去

我经常会在文章开头使用容易让读者产生共鸣、印象深刻，或者更有吸引力的素材。

因为在文章开头使用容易让读者产生共鸣的素材，很容易吸引读者继续读下去。

比如接下来要在终章介绍的，关于 RIZAP（莱札谱）的报道，开头就是为了引起读者共鸣。这里只列出报道的开头部分：

> 看到 RIZAP 广告里的影视艺人、偶像、经济评论家这些人瘦身前后的明显对比，肯定有很多人感到惊讶吧。
>
> 看到这些暴瘦的人，你是不是会犯嘀咕：你是怎么瘦下来的呀？过程是不是很艰辛呢？是不是不能吃饭呀？你突然瘦下来会不会对身体有影响？……
>
> 因为我看到暴瘦的人时也是这样想的。

▶▶ 只有开头部分可以模仿作家

我前面提到过，写商务文章不可以模仿小说家和专业作家，但是文章开头部分可以参考职业作家的作品。

我年轻的时候研究过泽木耕太郎等著名纪实作家的文章。我一方面研究他们是如何导入故事情节的，另一方面也研究他们是怎么开始写采访初稿的。

我绝对不会用以第一人称"我"开头这种落入俗套的方式来写文章。

而是以让人意外的开头来导入。

或者，先在开头使用能引起读者共鸣的素材。

以震惊读者的事实将文章展开。

基于以上理由，很多作家对文章的开头部分都特别重视。所以，这些职业作家的文章开头部分，应该有很多值得我们参考学习的地方。

▶▶ 不要太在意"收场噱头"，写出总结的话就行

此外还有一个很重要的地方，就是文章的最后部分，也就是文章的"收尾"。

　　我在第二章提到过，写文章的目的是"你想让读者有什么样的读后感"。文章的收尾部分直接关系到读后感，所以需要大家注意。

　　但是，文章的收尾部分和文章的开头部分的不同之处在于，文章的收尾部分不需要在意意外性和冲击性。没有必要写出人意料的结尾。

　　基本上，在文章的最后，写出**结论**就可以了。使用的素材遵循前文内容，写出确认前文内容的结论，就可以让读者产生相应的读后感。

　　我写文章的时候，在想象读者和目的，收集整理素材阶段时，就开始思考文章的开头和结尾。

- 这个素材用在文章开头正好可以吸引读者的兴趣。
- 这个素材放在收尾部分应该可以让读者加深印象。

　　先确定文章收尾部分的素材，就可以很好地确定全体素材的分配，所以建议大家在整理素材阶段就想好开头和收尾部分的素材。

快速写作的行为习惯【配置素材篇】

◎ 将收集的素材"可视化"。

◎ 想象将文章主旨直接传达给和你面对面的
  读者，以此来确定素材的顺序。

◎ 开头部分不要使用惯用句。

◎ 开头部分是为了吸引读者继续读下去。

◎ 文章的结尾写下总结性的话就可以了。

第 5 章

执笔篇：一气呵成

一挥而就的作品不一定是好作品，但好作品却往往是一挥而就的。

——本·琼森

（英国剧作家，代表作《福尔蓬奈》）

集齐素材后一气呵成写下去

准备好素材，确定素材的配置之后，接下来就正式进入写作阶段了。

我在写的过程中，非常注意的一点是，只要素材收集齐全就尽量快点动笔，一口气写完。

在同行中，很多人只要截稿日期还没到，就会拖着一直不动笔。我截然相反，只要取材结束，素材收集齐全，就算距离截稿日期还有很长时间，我也会立马动笔写。这是有原因的。

▶▶ 遵守"截稿日期"是最强的提速方法

快点写的最大好处是可以在截稿日期前完成。

虽然距离截稿日期还有很长时间，但是保不准中途会不会突然身体不适或者发生什么意外事件。所以，只要准备齐全，我就会毫不犹豫地马上动笔。

我做了 20 多年的自由撰稿人，从来没有超过截稿日期交稿，其中最大的原因就是我会**尽快动笔写，从不拖延**。

只要不被截稿日期追着赶着，就可以很轻松，也不会有"啊，必须开始做了""糟了，快到截稿日期了，可就是写不出来"之类的心理压力。

所以尽早开始写，快点完成初稿的话，在截稿日期前的这段时间就可以自由行动。

就算手头有很多工作也不用慌张焦急，可以有充足的时间去处理其他工作。

以最快速度一气呵成的窍门

快速写完的最重要的一点是，不要希冀一下子完成终稿。

▶▶ 完美主义会让速度减慢

如果一开始就打算写出完美的文章，在写的过程中就会因为"这个地方应该有其他更合适的写法""这个素材还是放在这里比较合适"等各种原因而不断停笔。

这些纠结会让写作速度大大减慢。

当然，我们最终要写出完美的初稿。但是，不要一开始就以推敲修改为前提，试图写出最完美的初稿。

我将之称为"粗略地写"。

我们尽管已经收集好素材，确定了素材的使用位置，然后开始动笔写，但是在实际写的过程中依旧会出现很多小问题。我建议大家不要纠结这些小问题，继续写下去。

在写的过程中，你可能会遇到一些具体问题，比如，素材中出现的某个数字，或者某个具体的名字需要查询。

这种时候，我照样不会停笔，而会用"〇""★"这些特殊符号**标注出来，之后再查**。

总之，不要停笔，先写下去。

我从多年的写作经验中得出一个结论：写的过程中如**果不断地停笔，便无法写出一气呵成、内容连贯的文章**。

所以，一定要一口气写下去。

▶▶ **"多写，最后删减"是最快的方法**

不用在意文章的字数。

如果要写 2000 字的文章，写 3000 字也没事。

这和收集素材是同样的道理。可以多写，最后删减，这并不影响快速写完。

最开始**不要在意错别字和措辞**，要一口气写下去。不要回头看。

该准备的素材已经准备好了，就要一口气写到最后。

我之所以四五天就能写完一本书，在很大程度上是因为我不以推敲为前提，不指望第一遍就写出终稿。

在实际写的过程中，最大限度地缩短写作时间，最重要的便是**不要犹豫，一口气写完。**

确定读者和目的，收集素材，整理和配置素材，剩下的就是一口气写完。在实际写的过程中，能否一气呵成写到最后，对写作速度有很大的影响。

让文章流畅易读的 7 个要点

我一直以来都是以写长篇文章为主，接触了大量文章。为了写出流畅易读的文章，我总结了一直以来坚持的 7 个习惯，分享给大家。

▶▶ 缩短句子

首先注意缩短句子。基本上我写的每个句子都是非常短的。无法避免要写长句的情况下，我会使用连接词**将一个长句分为两个短句**。

至于为什么要缩短句子，是因为句子变短后读起来就会产生节奏感，文章读起来就会流畅连贯。如果文章的句子很长，读者很可能在读的过程中搞不清逻辑，失去继续读下去的兴趣。

▶▶ 写出轻松流畅的节奏感

我会把某些较长的句子**换种说法**，或者**使用相似的短语反复强调**说明。这样文章读起来就可以很好地产生节奏感。

▶▶ 使用引号强调重点

我们在写作时，通常会在出现对话的时候使用引号。但是，需要强调的时候，或者使用的词语的意思与原本的意思不同的时候，也可以使用引号。

某个词语被用引号引起来的时候，就会引起读者的注意。

▶▶ 减少不必要的连接词

我尽量不使用连接词。

使用"因为""此外""另外"这些连接词，可能会给人留下文章冗长的印象。如果没有这些连接词也能让文章流畅的话，那就不要使用比较好。

▶▶ 用转接词来展开

一方面，我建议大家减少使用连接词；另一方面，我推荐大家多使用"但是""只是""然而"这些转接词。转接词可以让逻辑更清晰。

在进行逻辑说明的时候，使用转接词，文章读起来就会产生节奏感。尽管转接词太多容易让文章晦涩难懂，但是转折部分可以很好地被强调，很容易给读者留下深刻印象。

如果有想强调的内容，可以先说出想法和意见，然后**利用转接词来进行强调**。我经常会这样来强调自己的观点。

▶▶ 对晦涩难懂的词语进行"简单易懂的解释说明"

希望大家时刻记住一点，尽量使用简单易懂的词语。如果在取材过程中或者资料中碰到晦涩难懂的词语，可以试试将其"翻译"一下。

对晦涩难懂的词语进行简单易懂的解释说明，换成简单易懂的词语。

▶▶ 写出真实感

我们在写文章的时候，要时刻意识到这一点：要写出能让读者产生共鸣、感同身受的内容和情节。否则，就容易出现作者自说自话的情况。具体要点我会在第 6 章给大家详细解释。

优质的周刊杂志是最好的教科书

经常会有人问我，怎样才能写出好文章。

但是，当我问到"对你来说什么才是好文章"的时候，他们大多又回答不上来。

如果不知道什么才是好文章，又如何写出好文章呢？

我从来没有学过写作的方法，也没有读过介绍写作技巧的书籍。我只坚持做过一件事，那就是我 **25 年**来一直坚持读一本周刊杂志，里面的文章都是我理想中的好文章。

这个杂志就是《朝日新闻》出版的综合周刊杂志《AERA》①。

我在 20 多岁的时候，苦于无法顺利写出文章，想着去找一些好的参考，所以去书店阅读并比较了很多书和杂志，

①　《AERA》：日本发行量最大的时事新闻周刊，被誉为"日本的《时代周刊》"。

最终选择了《AERA》。

理由是它刊登的文章内容很易懂，用词平易近人，恰到好处地知性，没有过于生硬，文笔也不错，而且标点符号的使用也毫无违和感。单个句子很短，文章充满节奏感。

此外，综合周刊杂志的一个优点是，可以**长期持续阅读**。内容每周更新，里面包含了政治、经济、文化、艺术等各个方面的内容。页数也正好，可以将所有文章细细品读。我坚持每周阅读，好多年之后发现，经过《AERA》的多年熏陶，《AERA》的语言风格已经深深地融入我的文章中。而且，在我意识到"像对话一样来写文章"的时候，我已经形成了自己的文章风格。

当然，《AERA》不一定适合所有人。我想强调的是，不要将道听途说的"文章模型"生搬硬套在自己的文章中，而要**找到适合自己的"易懂易读的文章"**。

另外，我在写的过程中，会有意识地思考：文章为什么易读？什么是易读的文章？

而且，好的综合周刊杂志在刊发前，都要经过编辑和校对的多次润色修改。

大家如果不想写出质量比较差或者拿不出手的文章，那么优质的综合周刊杂志上的文章将会是很好的参考。

▶▶ 为什么编辑可以修改专业的文章？

　　出版社的编辑平时会接触很多作者的文章，有时会要求作者进行修改，以使文章更加容易阅读。有时编辑自己也会改写文章，并向作者征求文章的改写方案。

　　他们并不都是从学生时代就开始学习写作的人。据我所知，这些编辑有的毕业于法学专业，有的毕业于经济学专业，有的是工科类专业出身。

　　这些编辑并没有专门学习过写文章，为什么他们可以修改专业作家的文章呢？所有编辑都有一个共同点，就是在工作和闲暇时间里会阅读大量文章。所以，他们就算没有写文章的专业知识，也可以成为改写文章的专家。

　　持续阅读优质文章可以让人拥有良好的写作能力。编辑能够拥有写文章的能力就是很好的证明。

快速写作的行为习惯【执笔篇】

◎ 基本方针是"多写，最后删减"。

◎ 一旦开始写就一气呵成地写完，不要中断。

◎ 需要核查的内容用特殊符号标注，之后核查。

◎ 让文章流畅易读的 7 个要点。

◎ 坚持阅读流畅易读的好文章，能够提高写文
　 章的能力。

第6章

推敲篇：
推敲修改出流畅易读的文章

细节在于观察，成功在于积累。

——拉尔夫·瓦尔多·爱默生

（美国文学家，代表作《论自然》）

刚写出的文章绝不能直接提交

确定读者和目的，准备好素材，确定素材的配置，一口气写完。

完成这一系列流程之后就是"修改文章"。

就是所谓的推敲。

经过检查和修改，文章会一下子变得流畅连贯。

这一章将给大家介绍快速修改的方法。

▶▶ 从"读者的视角"进行修改的两个效果

前面说过，收集好素材，确定素材配置之后，尽可能快点动笔写。其实快点动笔写还有另外一个好处。

就是可以**把文章暂时"放一放"**。

作者在写文章的时候很容易兴奋。

"这个太有趣了！"

"读者肯定也这样认为！"

越是这样想，越是容易失去理性。

大家有没有过这样的经历呢？前几天写的文章，今天拿出来读一读，发现"总感觉晦涩难懂""文章内容让人读不下去"。

写好的文章稍微放一放之后再拿出来读，作者就能**重新获得"客观的观点"**，就可以站在第一次阅读的人的立场来冷静地修改文章。

如果截稿日期快到了才动笔写，写完马上提交的话，就无法站在读者的立场来阅读自己的文章。

所以，我的"邮件草稿"里放了很多"大致完成，待推敲"的初稿。

接下来就可以随时随地利用闲暇零碎时间来推敲修改。

在正式提交之前可以进行推敲修改，在推敲的过程中，脑海中偶尔会浮现"啊，那个素材也可以放进去""强调一下这个素材应该可以让人加深印象"之类的想法。

因此，提前动笔写可以留出充足的时间来提高初稿的质量。

▶▶ 即使是等一杯咖啡的时间（稍微缓一缓）再看稿子，也可以客观冷静地审读

我们经常听到"重要的邮件不能在半夜发送"这样的说法。因为到了第二天早上，你会比昨天晚上更加冷静。

请想象一下你要发送某封重要的邮件，比如，新客户的谢礼邮件、难开口的委托、犯错后的道歉信。

即使是一般的商务邮件，也需要好好检查。如果是上述的邮件，发送者就更容易焦虑不安。

不知不觉，邮件的内容就变得冗长啰唆。

自己的想法过于强烈，对对方的立场欠考虑。

更有甚者，好不容易下定决心发送邮件，却搞错了收件人。

这些情况都有可能发生。

所以，重要的邮件一定要缓一缓，等头脑清醒之后，推敲修改再发送。

企划书和提案书也是同样的道理。写出激昂慷慨的企划书很重要，但若有很多自以为是的内容，就容易给读者留下不好的印象。

所以，哪怕一天也好，将其放一放，检查推敲之后再

提交。

可能有时候真的是没有时间了，马上就要交稿了。即便是这种情况，也需要放一放。

稍微放一放就好，不需要太久。

稍微做些其他事情。

或者离开座位去一下洗手间。

或者去买杯咖啡。

即使是**稍微离开**一下写作地点，也可以获得客观的观点。

将视角从"整体"转移到"局部",进行修改

接下来给大家讲如何具体推敲文章。

"推敲"的意思就是,"对诗词和文章反复斟酌、考虑"。

一提到"反复斟酌、考虑",大家肯定会认为,这要花很多时间慢慢进行。本书给大家介绍不需要花费太多时间,就可以高效推敲的方法。

我推敲的要点有两个。一个是**"让文章通顺易读"**,另一个是**"让文章清晰易懂"**。

▶▶ 首先检查"整体逻辑"和"素材配置是否合适"

第一步:根据以下要点来逐步检查。

•逻辑是否有破绽?

- 是否有欠缺说服力的地方？
- 素材的配置是否合适？
- 是否可以一气呵成地读下去？
- 是否有内容重复的地方？

刚开始推敲的时候，注意不要进行修改。

首先是将问题全部挑出来。

处于推敲阶段的文章只是"粗略完成"了，所以语感和文章的节奏感等有错误、有违和感是正常的。

实在在意这些地方，马上进行修改的话，就会被这些细节蒙蔽双眼，进而忘记全局观点。

希望大家注意的是，**第一次推敲检查**时，你的视角最接近**读者的视角**，若是一味修改这些细节，你就会渐渐忘记全局观点。

所以，我们首先要确认文章整体结构是否紧凑，内容是否连贯。

如果是长文章的话，可以稍微缩小范围，**逐段检查**内容是否连贯，检查段落中是否有逻辑不当和牵强附会的地方。

▶▶ 填补"说明不足",消除"厌恶感"

第二步:按照以下要点逐步检查。

> • 是否有意义不明、解释不清的地方?
>
> • 是否有对读者和文章相关人物不敬的措辞?
>
> • 内容是否有引起读者反感的地方?
>
> • 内容是否有引起读者气愤的地方?

素材能否被读者接受这一点很重要,还有一个要点,就是确认文章的内容是否会引起读者反感。

如果文章的内容会让读者反感,建议删除或修改引起读者反感的部分。

▶▶ 制造文章的"节奏感"

可以一气呵成读下去的文章充满节奏感。

文章的节奏感和作者独特的用词习惯有关,所以也没有必要写出不符合自己风格的节奏感。

比如,如何保持叙述、描写、引语、背景在文章整体中的平衡。

　　注意以上这些地方，逐步检查每个段落，然后进行调整，直到文章充满节奏感。这样就可以规避"节奏感不好"的问题了。

　　做到了这些，如果节奏感还是不好的话，可以删除内容相似的地方，调整连接词和转接词的数量，这样节奏感应该会变好。

▶▶ 在最后进行"量的调整"更高效

　　完成这一步之后，接下来就是调整文章的"量"。这个"量"既包含"数量"，也包含"质量"。

　　我们先说"数量"，即字数。

　　初稿是粗略完成的，所以字数一般不符合文章的规定字数。如果收集到足够的素材，很容易出现字数超标的情况。将其调整到规定字数以内就可以了。

　　好不容易写完了，突然要调整内容量，可能有人心理上会**不愿意删改**，或者出现**"重新修改"**的情况，浪费时间。

　　文章的具体删减方法，我会在终章里详细介绍。

接下来说"质量"，即检查错字、漏字。检查错别字是基础中的基础，一旦文章中出现错别字，特别是在商务场合，可能会产生致命错误。

所以，我会**在最后检查错别字**。

总结一下，就是从宏观的视角切换到微观的视角来进行推敲，通过缩小范围来实现高效的推敲。改变文章的逻辑结构、大幅度改变素材这些"大工程"需要相应的时间。但是，修改错别字和改变词尾这些小修改，花个四五分钟就可以搞定了。

"从大到小"是最高效、最快速的推敲顺序。

如果距离截稿日期还有很多时间的话，可以稍微空出一些时间，慢慢推敲两三次，这样可以从更加客观和冷静的视角来检查文章。

确认"易懂性"的方法

　　本书的目标是教大家写出"流畅易读的文章"，要写出易读的文章，最重要的一点是，文章要易懂。

　　但是，该如何确定自己写的文章是否易懂呢？

▶▶ 作者都不明白的内容，读者更加难以理解

　　作者对不明白的内容不懂装懂，在似懂非懂的状况下写出的文章，读者也是无法读懂的。但是，很多作者会做这样的蠢事。

　　将道听途说的话**笼统**地写出来。

　　直接复制粘贴资料的内容。

　　使用令人**似懂非懂**的"新词语"和"成语、古语"。

　　不加说明地使用专业术语。

我以前做招聘广告的撰稿人时，因为广告的版面很充足，所以我需要写很多字，我绞尽脑汁去凑字数。

当时我想到的办法就是利用现有信息来凑字数。

我把公司简介里关于业务内容的介绍和数据都掺进文章里，东拼西凑，总算填满了字数。

但是，当时的上司看着我东拼西凑的初稿，说了一句："上阪先生的文章好结实。"我还以为上司是在夸奖我的文章内容很充实。

其实，这根本不是褒奖之语。

读者说**文章很结实**，其实就是在说**搞不懂写的是什么**。

我的文章很结实，是因为我没有很好地理解所写内容。

我做了作者之后也发生过同样的事情。

写完的文章，再次阅读时，基本可以流畅地读下去，但是会有一些内容，不多读几遍就不明白表达的意思。但是，多读几遍就明白了，所以抱着侥幸心理提交了。

这种我没有搞明白的内容，一定会被编辑指出来。

我的经验告诉我，连自己都不明白的文章一定不能提交。

▶▶ 以"读者一无所知"为写作前提

有一个判断文章是否易懂的标准，就是文章是不是**以"读者一无所知"为前提**来写的。

做了几年自由撰稿人后，我积累了一些经验。

我在写技术相关的招聘广告和报道时，顺便又接了一个对知名科学家的采访连载。

采访的都是在科学领域最前沿和出类拔萃的人。比如，山海嘉之先生（日本 Cyberdyne① 公司社长）、石黑浩先生（日本大阪大学教授）、石井裕先生（美国麻省理工学院教授）。

而且，当时关于他们的研究内容，还没有任何简单易懂的报道。所以我在采访之前搜集资料时真的是费了一番功夫。

我是文科生，对科学一无所知。

但是，为什么我可以顺利采访他们，并且写出超有人气的连载呢？

首先，我在采访过程中一直强调"非常抱歉，我是文科生，不是太明白"。实际上，我是真的不明白，而且可

---

① 日本的一家机器人公司。

以看懂的资料也很少。所以，只有让他们从零开始教我。

大概是因为读者也一无所知，所以文章能够获得他们的喜爱。

虽然科技类杂志的读者几乎都是理科生，但是我一直以来对众多学者的采访经验让我认识到，很多领域都不可以被一刀切地归结为"理科"。

隔行如隔山。

现实情况是，学科不同，知识领域就完全不同。电工对电气方面很了解，但是对机械方面并不是很了解；物理专业的人懂物理，但是对生物方面并不是很了解。

所以，我以"读者一无所知"为前提来写报道。这应该就是我的文章获得支持的原因吧。

顺便一提，那些超一流的专家，他们可以把很晦涩难懂的内容，用浅显易懂的方式解释清楚。

▶▶ 专业用语一定要"简明易懂地解释"

写文章的时候还需要注意一点：专业用语不能不加解释就直接使用。

因为自己写文章时是查了意思之后才使用的专业用语，

而第一次读这篇文章的读者很可能并不明白这些词语的意思。

以近年来的商务用语来举例："业务合作""KPI""企业核心竞争力""初始设定"等。

可能有些人大概明白这些词是什么意思，也可能有人全都知道。

但是，不一定所有人都知道。

所以，可能有的人看到**晦涩难懂**的专业用语就**不想继续往下读**了。

比如，KPI 是关键业绩指标（Key Performance Indicator）的简称，是用于衡量工作人员工作绩效表现的量化指标，是企业绩效管理的基础。

像这样稍作说明，文章就会变得易懂，读者就可以看明白。

写文章的人**要好好考虑读者的立场**。

如果是针对专业领域的读者，就另当别论了。

如果是面向一般读者，就必须进行浅显易懂的解释说明。

　　不要想当然地认为，读者应该知道这种程度的知识。

　　反过来说，如果不是要写面向专业人士的文章，那么"易懂的文章"将会成为你最强的武器。

彻底消除"文章晦涩难懂"感的珍藏方法

为什么你会觉得小学生的作文很幼稚？因为小学生写文章的能力不成熟。或许是有这方面的原因，但是"文章很幼稚"的理由可以更加明确地进行说明。

- 今天去郊游了，我和太郎一起吃便当，很开心！
- 因为天气转晴，所以去游泳了，好快乐！
- 手工课上，我用纸折了怪兽，很有趣！

读了之后，你有没有感觉到幼稚呢？

幼稚的根源在于，"开心""快乐""有趣"这些词语全都是形容词。

形容词大多用于表达自身的"感情"和"感动"。但是，读文章的人很难和作者有同样的经历。

只用形容词是无法将自己感动的具体原因告诉读者的。

必须写出这些"开心""快乐""有趣"的理由，也就是必须有素材。

- 吃便当的时候，一个饭团掉到了地上，滚到了草丛里。好搞笑，好开心！
- 最近一直感冒，昨天终于去了最爱的泳池游泳。水凉丝丝的，好舒服。太开心了！
- 手工课上，我折的纸怪兽和太郎折的纸怪兽对战，我的惨败。但是，特别有趣！

像这样将形容词具体化，文章就一下子变得生动有趣。

通过加入素材，读者就可以感受到作者"开心""快乐""有趣"的理由。

只堆积形容词，读者是无法明白作者因为什么而感动的。

因为这些赤裸裸的"缺陷"，文章才显得幼稚。

这和之前介绍的只凭宽泛的"好公司"一词无法具体将公司信息传递给应聘者的理由是一样的。

▶▶ 将形容词转变为素材

我自己也会时刻注意，尽可能不使用形容词。

使用形容词写文章，在两个意义上会减慢写作速度。

用**形容词**写文章时，不仅无法表达具体内容，而且**无法让读者想象画面**。

写文章费时间的其中一个原因，就是总想使用形容词来表达，所以，要拼命地想合适的词。

我认为，很多人之所以讨厌写文章，就是因为这些人会拼命地想合适的词语来表现内容，拼命地找合适的词语。

拼命地想，拼命地回忆可以适当地表达的形容词，却怎么也想不出来。

所以，纠结烦恼很久也写不出来，写作速度自然就会慢下来。

然而，当你**不使用形容词**时，必然就会把**目光转向素材**，写出想要用形容词形容的具体内容。

比如，要求你不使用形容词来表达"非常寒冷"这个意思，你该怎么做呢？

• 温度计指向零下5℃。

• 戴着手套，手还是冻僵了。

• 看着窗外，屋檐下结的冰锥快有 20 厘米长了。

这些都是通过素材来描写事实，和用形容词形容"非常寒冷"相比，是不是可以让人具体想象"非常寒冷"的画面了？

请重新看看你写的文章，如果形容词过多，请把它们换成素材。在此再次强调，素材就是事实、数字和情节。

快速写作的行为习惯【推敲篇】

◎ 刚写好的文章绝对不能不修改就提交。

◎ 检查"整体逻辑"和"素材配置是否合适"。

◎ 检查是否有"解释不充分"或者"内容重复
啰唆"的地方，调整字数和内容质量。

◎ 调整文章的节奏，然后检查错别字。

◎ 确保所写内容自己全部理解。

◎ 设想读者对你所写的内容"一无所知"，详
细解释专业用语和生僻词语。

◎ 将意思不明确的形容词换成具体素材。

终章

实践篇：分门别类·速写术

真实的事情比虚构的故事更稀奇；但这是因为虚构的故事必须
符合可能性，而真实的事情却不必顾及这一点。

——马克·吐温

（美国作家，代表作《百万英镑》）

本章是第 1 ～ 6 章内容的具体实践篇。以我所写的文章为具体例子，向大家介绍如何将前述的技巧运用到文章中。

素材的配置方法之①：以 800 字的文章为例

接下来根据文章的字数来介绍如何具体配置素材。

短文章的素材配置应该不难。

文章字数超过 800 字的情况下，素材的构成，也就是"素材的配置方法"会影响文章的易懂性。

这里，我们先以 800 字的文章为例进行探讨。

在这里介绍一篇我曾经写过的 800 字左右的报道。

这篇报道是我投稿给《R25》的文章。《R25》是日本免费杂志的先驱，曾经配送量高达 60 万册。

文章题目：《人口减少的日本该何去何从》

目标读者：对未来充满不安的 30 岁商务人士

▶▶ 确定"真正目的"（第 2 章）

目的是使读者因为人口减少而对未来充满危机感，还是让读者感受到未来的可能性？目的不同，需要的素材也不同。

最终得出的结论决定素材的取舍。

我当时的结论是后者，也就是通过讲述如何应对人口减少，来让读者感受到未来的可能性。

为此，我准备了如下素材。

▶▶ 最开始的素材

- "日本人口减少"的新闻给社会带来冲击。
- 可以想象，"日本的少子高龄化现象让日本人对未来充满不安"。
- 劳动人口减少、经济增长率下降、社会保障费用增加、现役人群负担加重、税收没有增加。

- 但是，一味地担心少子高龄化，是无法迈向未来的。

▶▶ 面对面向读者解释的时候该如何配置素材（第4章）

我接下来思考，面对面向 30 岁年龄层的人来解释这些素材，我该怎么说。

如果我一开始就说出结论"一味地悲观也无济于事，要积极向上地思考"，估计年轻人也会觉得云里雾里吧。

如果我说："一般是这样的想法，但是还有不同的思考方式。换个角度来思考问题，你的想法也会随之改变。"这样来解释的话，对方会更加容易理解。

从读者和目的，还有已收集的素材出发，进行假设，然后按照假设的顺序得出想要的结论。

▶▶ 假设的内容

- 人口自然减少，真是让人震惊呢！
- 少子高龄化就会造成这样的影响。
- 但是，前提改变的话，结论也会改变。
- 例如，如果生产率提高，即使人口减少，经济增长率也可以继续维持吧。

• 总之，一味地悲观也无济于事，要积极向上地思考。

当为了更好地把意思传达给对方而进行假设时，我发现还需要添加新的素材。

于是，我又收集了以下新的素材。

▶▶ 新增素材

• 看数据的时候一定要注意大前提（曾经采访过的某大学教授的话）。

• 人口减少，经济增长率真的会下降吗？

• 提高生产率，经济增长率就不会下降。

• 过去的 50 年间，人口增加了 1.4 倍，但是人均 GDP 却是过去的 7.3 倍。

• GDP 增长超过人口增长是因为人均 GDP 在上升。

根据以上素材，我最终写出的报道如下：

目标读者：对未来充满不安的 30 岁商务人士

真正目的：通过讲述如何应对人口减少，让读者感受到未来的可能性

人口减少的日本该何去何从

25～32 岁的我们不必忧虑过多，只要努力工作就可以了，因为人口减少反而会让日本更富裕。

2005 年年末，一篇关于"日本人口自然减少"的新闻报道，令很多人感到震惊。在日本，新生婴儿的数量比死亡人口的数量要少。国家的经济好像在衰退。这个新闻让我们感受到社会少子高龄化的严重性。

近几年来，少子高龄化问题为日本的未来敲响了警钟。这样下去，人口会减少，进而导致劳动人口减少。随之而来的，经济增长率也会下降。街上到处都是老年人，养老金和医疗等社会保障费也会增加。然而，抚养老年人的年轻人很少，所以现役一代的负担加重了。

而且，老年人的存款在不断减少。当然税收也不会增加，国家财政形势也会变得严峻。前途

一片黑暗。

　　但是，我采访某大学教授时，他说，我们看这样的结论时，需要注意前提。人口减少，劳动人口就会减少，因此经济增长率也会下降。那么，运用最新的技术，提高劳动生产率，维持经济增长率的话会怎么样呢？如果人口减少、经济规模不变的话，人均 GDP 就会变大。也就是说，日本社会反而会更加富裕。

　　我们来看看过去的日本人口和人均 GDP。在过去的 50 年里，人口增加了 1.4 倍，而人均 GDP 竟然增长了 7.3 倍。也就是说，GDP 的增长速度比人口的增长速度更快。因为每个人的劳动生产率大幅提升，所以才会出现这种情况。今后采取措施维持现有的经济规模，就可以解决少子高龄化的问题了。

　　当然，出台一些针对少子高龄化的政策也很重要。但是亟待解决的问题是，如何建设与少子高龄化时代相适应的社会。无论是悲观还是乐观，新时代一定会到来。现在应该做的是，大家凝聚智慧，共同解决问题。

素材的配置方法之②：以 2000 字的文章为例

要写超过 2000 字的文章时，如果还是按照之前面对面向读者解释的方法逐条罗列素材，任务量将是很惊人的，这样的方法反而会费时费力。

之前我也提到过，我写文章时从来不会特意关注起承转合之类的写作技巧，但是，要简单易懂地分配素材，需要一个基本的"框架"。

要按照以下顺序来排列素材。

结论→结论的理由和背景→证明结论的具体实例→总结

一开始写出结论，然后介绍理由和背景，接下来写详细内容，之后列出补充结论的具体例子，最后总结，再次确认结论。

接下来以我投稿给网络媒体的某篇报道为例进行具体解释。

我在写《RIZAP 为什么能如约让我们瘦下来？》这本书前，亲自加入 RIZAP，参加了为时 2 个月的具体瘦身课程，然后将过程和结果写成报道。

报道文章约 **2000 字**，用时 **1 个小时**左右。

实际的文章在 171 页会分享给大家。

▶▶ 一开始就引起读者共鸣，文章更容易被阅读

RIZAP 委托我写此篇报道，主要是"希望写下我的体验"，所以对读者和目的都没有具体要求。

因此，我马上自己设定了目的和读者。

"真的可以瘦下来吗？"

"估计是通过十分严苛的训练来强迫瘦身吧。"

"是不是不健康的方式？"

"很快就会反弹吧？"

目标读者：我在网上对 RIZAP 进行查询，也问了身边的熟人，发现对 RIZAP 持怀疑态度的人有很多，因此，我

将对 RIZAP 持怀疑态度的人设定为读者。

此外，在实际体验 RIZAP 课程之前，我本人对 RIZAP 也是持怀疑态度的。

真正目的：告诉那些持怀疑态度的人，RIZAP 真的很有效果，采用的是健康的瘦身方式。告诉这些人，是他们误解了 RIZAP。

接下来就是列出大致流程。和之前一样，**思考"如果读者在面前，该如何进行说明"**。

面对一无所知的读者，我运用以下模型来写文章。

面对一无所知的读者，我的王道 5 步骤

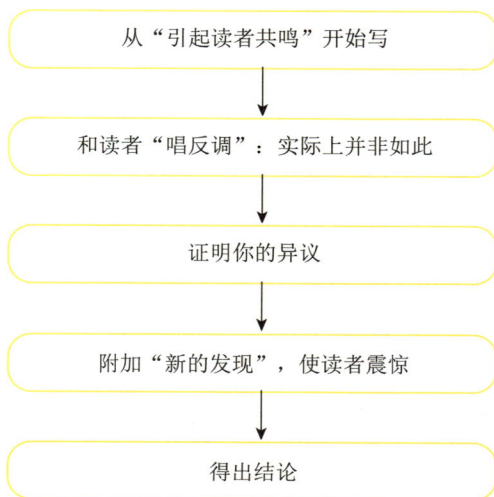

从"引起读者共鸣"开始写

↓

和读者"唱反调"：实际上并非如此

↓

证明你的异议

↓

附加"新的发现"，使读者震惊

↓

得出结论

这篇初稿的结构和之前所说的结论→理由→展开具体内容→总结是一致的。大致构成如下：

1. 对 RIZAP 持怀疑态度的人很多。

2. 所以，我亲自入会尝试。

3. 令人吃惊的是，真的可以瘦下去。

4. 很多人都不知道肥胖的原因。

5. 肥胖的原因是摄入了含糖分的物质，减少糖分的摄入就可以了。

6. 肥胖的原因是新陈代谢能力下降，为了预防新陈代谢能力下降，要进行肌肉锻炼。

7. 理解了这个道理并坚持实践，就不会反弹。

▶▶ 在遵循"大致构成"的基础上补充素材

接下来，关于以上 7 点，我补充了具体的素材。

1. 对RIZAP持怀疑态度的人很多

· 令人震惊的瘦身前后对比。
· 瘦身过程是不是很艰辛?

2. 所以，我亲自入会尝试

- 体重比2个月前减了约7公斤，腰围减了12厘米。
- 实现了健康瘦身。
- 一点儿也不辛苦，再试一次也没问题。

3. 令人吃惊的是，真的可以瘦下去

4. 很多人都不知道肥胖的原因

- 很多人对减肥和瘦身都很感兴趣。
- 但是，如果你问这些人肥胖的原因，他们都回答不上来。
- 肥胖的原因是摄入了含糖分的物质和基础的新陈代谢能力下降。

5. 肥胖的原因是摄入了含糖分的物质，减少糖分的摄入就可以了

6. 肥胖的原因是新陈代谢能力下降，为了预防新陈代谢能力下降，要进行肌肉锻炼

- 但是，通过节食来减肥，体力会下降，反而会适得其反。

7. 理解了这个道理并坚持实践，就不会反弹

- 利用RIZAP来健康瘦身的人也在增加。
- 反弹率是7%。
- 明白了肥胖的原因，生活方式发生了改变。

目标读者：对 RIZAP 持怀疑态度的人

真正目的：告诉读者 RIZAP 可以实现健康的瘦身

RIZAP 为什么能如约让我们瘦下来？

为什么 RIZAP 可以让人成功瘦身？

看到 RIZAP 广告里的影视艺人、偶像、经济评论家这些人瘦身前后的明显对比，肯定有很多人感到惊讶吧。

看到这些暴瘦的人，你是不是会犯嘀咕：你是怎么瘦下来的呀？过程是不是很艰辛呢？是不是不能吃饭呀？你突然瘦下来会不会对身体有影响……

因为我看到暴瘦的人时也是这样想的。

但是，在写《RIZAP 为什么能如约让我们瘦下来？》这篇文章前，我花了两个月，亲自加入 RIZAP，参加具体瘦身课程。结果让我大吃一惊。（为了得出"结果"，我按照以下逻辑来配置素材）

我并不是特别胖，但是仅仅两个月就瘦了 7.2

千克，腰围减少了 11.8 厘米，体脂率从 25% 下降到 17.7%。好久没见的人几乎都被我的改变吓到了，说我"变瘦了呢"。

而且让我吃惊的是，我真的健康地瘦下来了。中老年人减肥的话，可能会一下子变老，但是我并没有出现这样的情况。相反，我周围的人都说我变年轻了。

那么，减肥成功的我，是不是在两个月里苦不堪言呢？不，根本没有这回事。确实也有因为限制饮食而感到饥饿的日子，也有严格的训练课程。但是，并没有痛苦到无法忍受。如果问我还能不能再体验一次，我想我还可以。

为什么 RIZAP 这么有成效呢？这是因为 RIZAP 采用科学理性的瘦身方式，并不是让人毫无道理地胡乱减肥。

"中年肥胖"的过程

在写这本书的时候，我向周围的人收集各种各样的信息，再次认识到对"减肥"和"瘦身"感兴趣的人很多。

但是，让我吃惊的是，当我问他们"为什么

人会胖"这一极其基本的问题时，几乎所有人都不能很好地答上来。明明很在意发胖，却不理解为什么会发胖。其实我自己也是这样。经过这次入会体验，我明白了瘦身的理由。那么，让人肥胖的罪魁祸首到底是什么呢？那就是"糖分"。

复杂的是，糖分并不是只存在甜食里。米饭、面包、面条、水果等平时经常食用的食物中含有很多糖分。例如：如果将一餐的一碗米饭（150g）换成方糖的话，约含有 11 个方糖的糖分；一片面包（60g）的话，大约含有 6 个方糖的糖分。这会让人发胖。

另一方面，即使吃同样的东西，年轻的时候也不容易胖。那是因为身体的成长过程中需要很多能量。但是，发育完善的大人，就不需要那么多能量了。

不仅如此，成人的身体肌肉，如果不进行任何锻炼的话，就会慢慢萎缩。维持人类的生命所需的最低限度的能量被称为基础新陈代谢能量，但是体力衰退的话，代谢能力就会下降。

基础代谢能力下降，就不需要那么多能量了，但是如果还是和年轻时吃同样的食物的话，能量就会大大剩余。剩余的能量转化成脂肪在体内积蓄，这样就会变胖。

也就是说，不锻炼身体消耗能量，年纪大了，如果不改变饮食结构，必然会变胖。即使存在个体差异，据说从25岁开始体力也会衰退。这正是"中年肥胖"的原因。

如果理解了这一点，就会明白一般减肥方式的风险。很多人想瘦下去，所以经历了痛苦的减肥。但遗憾的是进展不顺利，而且很快就反弹了。其实这也是有原因的。传统型的卡路里减肥反而会让人更胖。

卡路里减肥的问题点是什么？

如果减少摄入卡路里，体力也会下降。减肥会突然让身体变得不健康，这就是原因。体力下降会有什么样的后果呢？体力下降，基础代谢能力也会下降，所需能量就会变少。只要稍微恢复过去的饮食，能量一下子就剩余了。剩余的能量会让人发胖。

让人发胖的原本就是糖分，不是卡路里。实

际上，一人份的荞麦面（200 克）和牛排（200 克），到底哪一种更让人发胖呢？前者的热量是 264 卡，后者的是 996 卡，怎么看都觉得荞麦面不容易让人发胖，但实际情况并非如此。

用糖分进行比较的话，荞麦面含糖分 48 克，牛排的是 0.6 克。虽然卡路里很低，但一份荞麦面中含有约 10 个方糖的糖分。乍一看很健康的食物，也必须注意。

重要的是，要一边维持体力，一边减少饮食中的糖分。RIZAP 正是通过这种方法来让人瘦身的。二者的组合是关键。一方面要充分摄取营养，另一方面要去除饮食中的糖分，这就是"低糖分饮食法"。一次 50 分钟，一周两次的肌肉锻炼。实际上，我仅如此就瘦了至少 7 千克。

会反弹吗？

实际上通过 RIZAP 寻求实现健康减肥的人越来越多。肥胖对健康也有很大的影响。只吃喜欢的食物，患病的风险也会提高。那么，RIZAP 减肥会反弹吗？对嘉宾的调查数据显示，1 年后有 7% 的人反弹。反过来说，93% 的人没有反弹。实际上，我自己在结束 RIZAP 的课程后，再次更新了最低体重记录。

为什么呢？因为理解了瘦身的原理，我的饮食和以前大不一样了。以前的食物都富含糖分，现在注意多摄取肉、鱼、豆腐等含的蛋白质和食物纤维。饭也吃，啤酒也喝，不过，因为明白肥胖的原因，所以能进行调整。

我每天也会锻炼身体。尽量走路，每天的"必修课"是一边看电视新闻一边做简单的伸展运动，进行肌肉锻炼。因为我知道，如果什么都不做的话，能量就会剩余。因为理解了肥胖的原因，所以我有意识地养成了不容易胖的生活习惯。

素材的配置方法之③：以 5000 字的文章为例

要写出流畅易读的 5000 字以上的文章，需要"整体架构能力"。

为"整体架构能力"烦恼的人很多。我的做法是，一开始不去考虑全文的架构，而是**一边看素材一边考虑文章架构**。

这里也给大家介绍一个具体例子。

这个例子是我的一篇名为《日本微软公司工作方式改革》的报道。

读者是 25 岁到 29 岁的商务人士。

目的是介绍充满活力的外企的不为人知的崭新举措。

文章接近 5000 字，所以这里就不写出来了。

这篇报道由以下素材构成。

- 日本微软"工作方式改革"仅有一部分人才知道的内容。
- 83 万人以上的参观者。
- 办公室宛如海外餐厅，根本不像普通的办公室。
- 基本是自由移动，8 成员工没有固定座位。
- 没有固定电话，在宽松的环境里自由工作。
- 也可以在家工作或者远程工作。不受时间束缚的灵活的工作方式。
- 为了带孩子，周三在家工作。为了照顾父母，回乡或者在海外工作都可以。
- 几乎所有员工都会在家工作。多数人每周在家工作 1～3 次。
- 公司内部的工作质量满意度提高了 40%。
- 女性员工的离职率降低了 40%。
- 工作方式改革的背景是经营团队的危机感。
- 被工作方式束缚就无法随机应变，员工无法充满活力地工作。
- 第 3 年，因为美国总公司经营团队更换，人事评估方式发生了巨大变化。
- 将着眼点灵活转变为"用户如何使用软件"。

- 因为采用了灵活的工作方式，所以成功应对了巨大变化。
- 美国微软在创业 41 周年的秋季，创下股价史上最高的纪录。
- 日本微软的改革也在顺利进行。
- 工作方式改革顺利进行，是因为给经营理念注入了新的内容。
- 不是建立制度，而是从文化中创造制度。
- 以"员工充满活力地工作"为前提的机制。
- 上司的管理能力也面临考验。
- 员工可以随时在自己喜欢的地方工作，这样的公司已经问世。

　　文章基本是根据对日本微软公司部长的采访内容来写的，但是实际的采访并没有遵照这个流程。我在采访的时候，还对素材一无所知，所以根本不知道文章该如何写。

　　为什么要进行工作方式改革？改革的结果如何？什么时候开始的，又是如何具体推进的？为什么可以顺利进行？在采访的过程中，我通过询问这些问题，一点点总结出了以上的素材。

▶▶ 写采访文章时，该如何做"素材笔记"？

我采访时，用的是 A4 尺寸的大笔记本，这样可以尽量多地做笔记。

回到家之后，我会反复听录音笔录下的内容，**补充没有来得及做笔记的内容。**

这样，就可以毫无遗漏地记录采访的所有内容，采访笔记就完成了。

接下来是**用马克笔标记可能会成为素材的内容。**

至此，文章素材也就选取完成了。

▶▶ 列出所有素材后，就可以进行分组了

写短小的文章，在进行到这一步时，可能目标读者和真正目的就已经一目了然了，只看素材就能大致梳理出文章的整体架构。但是，如果文章字数超过 5000 字，就有些困难了。

我在第 3 章稍微提到过，一边看素材，一边找出总结素材"枝干"的方法。素材很多的时候，一定有相同类别的素材。对这些同类的素材进行汇总，就可以梳理出更好的文章架构。

　　我称之为"以叶寻枝的构思法"。

　　收集可以当作"叶"的素材，找出汇总"叶"的"枝干"。

　　这篇《日本微软公司工作方式改革》的报道也是按照这个方法来写的，先收集众多素材"叶"，然后总结出素材"枝干"。

　　这里，方便起见，我分了7个"枝干"。

1. 进行工作方式改革的原因

· 工作方式改革的背景是经营团队的危机感。

· 被工作方式束缚就无法随机应变，员工无法充满活力地工作。

2. 制度改革的具体推行方式

· 也可以在家工作或者远程工作。不受时间束缚的灵活的工作方式。

· 可以一边带孩子一边工作。为了照顾父母，回乡或者在海外工作都可以。

· 几乎所有员工都会在家工作。多数人每周在家工作1～3次。

3. 工作方式改革的概要

· 日本微软"工作方式改革"仅有一部分人才知道的内容。

· 83万人以上的参观者。

· 办公室宛如海外餐厅，根本不像普通的办公室。

· 基本是自由移动，8成员工没有固定座位。

· 没有固定电话，在宽松的环境里自由工作。

· 员工可以随时在自己喜欢的地方工作，这样的公司已经问世。

4. 改革的必要条件和课题

- 以"员工充满活力地工作"为前提的机制。
- 上司的管理能力也面临考验。

5. 改革的结果

- 公司内部的工作质量满意度提高了40%。
- 女性员工的离职率降低了40%。

6. 改革进展顺利的原因

- 工作方式改革顺利进行，是因为给经营理念注入了新的内容。
- 不是建立制度，而是从文化中创造制度。

7. 改革给公司带来的变化

- 第3年，因为美国总公司经营团队更换，人事评估方式发生了巨大变化。
- 将着眼点灵活转变为"用户如何使用软件"。
- 因为采用了灵活的工作方式，所以成功应对了巨大变化。
- 美国微软在创业41周年的秋季，创下股价史上最高的纪录。
- 日本微软的改革也在顺利进行。

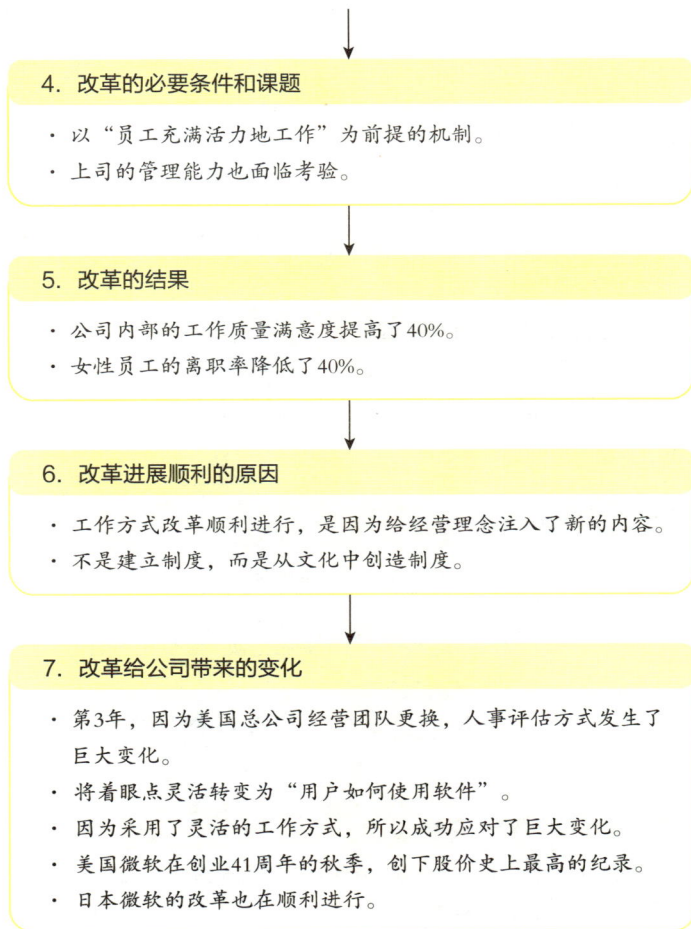

如上所示，通过"叶"素材，找出汇总"叶"的"枝干"，从而更容易梳理出文章的整体架构。

　　接下来，关于如何排列这些"枝干"，利用第 4 章讲过的方法，想象读者就在你的眼前，你该如何面对面解释给读者，来思考"枝干"的排列顺序。

　　如果大家看到具体文章估计就能明白，我是按照③→②→⑤→①→⑦→⑥→④的顺序来写的。

"强调"素材，简单传达

同样的内容，有的人讲起来生动有趣，有的人讲起来晦涩枯燥。

在你的同事和客户中，有没有企划书写得特别好，素材配置得特别棒的人呢？

该怎么写才能让读者觉得有趣？该怎么写才能让读者十分震撼？该怎么写才能让读者感动？

只有充满感情的文章，才能拥有吸引人读下去的力量。

更重要的是，**在文章里融入自己的真情实感**，也能让作者更流畅地写文章。

作者的真情实感能否很好地表达给读者，在很大程度上取决于文章是否充满趣味性。

写作的目的之一是让读者感动。如果作者写的文章连自己都无法感动，那么也无法给读者带来震撼和感动。

作者只有在文章里注入真情实感，才能写出充满感情的文章，才能将自己的意思传达给读者。

▶▶ 赋予素材"惊奇的色彩"

但是，具体该如何做呢？

把感情融入文章，需要一个"技巧"。

这个"技巧"就是**"强调素材"**。

不是简单地罗列素材，而是有意识地进行强调，从而更好地衬托素材。

2015 年，我出版了一本名为《怦然心动的 100 亿日元》的书，这里以此书的前言为例，给大家具体解释。

我将前言部分的内容简单写出来，如下所示。

- 年收入 100 亿日元的恋爱游戏公司。

- 2011 年在东京证券市场上市。

- 用户累计 2600 万人。

- 销售额每年按照 30% 的速度增长。

- 连续 8 年在日本科技 50 强评选中获奖。

- 创业者是东京大学工学部出身，在美国加州大学洛杉矶分校学过电影知识。

- 每年向市场投入新作品。
- 有持续保持成功的内部机制。

▶▶ 回头审视文章目的，就可以找出需要强调的素材

很多人，尤其是男性，几乎没有听说过这个公司。所以，我希望让读者大吃一惊："原来有这样的公司呀！"

"让读者感到吃惊"是这篇文章的"真正目的"。

为了达成这个目的，素材必须写得**"充满惊奇"**。

如果不把自己的感情融入素材，就会写出生硬的文章，也无法将主旨传达给读者。

我为了"让读者感到吃惊"，按照以上方法来写文章。

下文是《怦然心动的 100 亿日元》的前言内容。

销售恋爱游戏实现年收入 100 亿日元，还在东京证券市场上市？

当时某杂志委托我采访一位新兴企业的创办者，这个企业是东京证券市场的上市公司。采访

经营者是我的重要工作之一，我像平常一样开始收集手上的信息，但是我很快就停手了。因为这个企业的业务内容很让人意外。

这个企业的业务是用手机软件制作面向女性的恋爱游戏。恋爱游戏？手机软件？但这个企业却是东京证券市场的上市公司，而且年销售额接近 100 亿日元。

一款恋爱游戏，年销售额居然可以达到 100 亿日元，还能在东京证券市场上市！我对这个反差感到非常吃惊。

我知道游戏市场在很大程度上进一步扩大，很多公司都在快速成长。这些公司提供的是很多人都能玩的非常普通的游戏。但是，这家公司制作的是恋爱游戏，而且是面向女性的。这不是什么热门的行业。但这家公司的年销售额达到 100 亿日元，还是东京证券市场的上市公司。而且，上市时间是 2011 年，在社交游戏热潮到来之前就上市了。

据说，恋爱游戏的用户都是非常普通的女性。说起恋爱游戏，可能很多人会觉得这应该是宅女们喜欢的游戏。但是实际情况并非如此，这是一款任何女性都可以玩的游戏。

而且，游戏用户累计达 2600 万人。恋爱游戏上市了 8 年，单纯计算每年有 300 万人以上玩游戏。其中好像也有很多游戏用户是恋人或夫妻。

本来以为这些女性用户的丈夫会皱着眉头轻蔑地说"玩什么恋爱游戏啊"，没想到丈夫反而支持玩游戏的妻子。因为游戏的品质很高，男性们都认为"这个游戏很不错"。

另一方面，说起手机客户端游戏市场，人们总有一种跌宕起伏的印象。1999 年 i 模式的手机客户端发布，市场规模达到 500 亿日元；到了 2010 年，甚至突破了 7000 亿日元。随着智能手机的普及，以 SNS 为平台的社交应用市场在 2010 年也超过了 1000 亿日元。

本想着推出人气游戏后，业绩肯定可以比上一年翻倍增长。但是热潮在第二年就退去了，业绩骤降。然后别的公司开发的人气游戏成了新的霸者，迅速发展。游戏市场这几年来一直都在上演这样的情况。

但是，制作恋爱游戏的这个公司不同，2006

年以后，它的销售额每年都会增长 30%。在跌宕起伏、竞争激烈的手机游戏行业中，它持续成长着。

有限责任监查法人 Tohmatsu 每年在日本国内进行一项调查，根据国内技术、媒体、电信行业过去 3 年的收益增长率，列出前 50 家成长企业的排行榜，即"日本科技 50 强"。这家公司连续 8 年获奖，保持史上最多的获奖纪录。这证明了这家公司在更迭频繁的游戏行业可以实现持续成长。

这款恋爱游戏的创始人毕业于东京大学工学部，出身于大型广告代理公司株式会社博报堂。他在职期间自费去美国留学，在名校加州大学洛杉矶分校学习电影知识。至此为止，他的人生经历还和恋爱游戏扯不上关系。

他是如何成为引领企业成长的传奇人物的呢？

我在工作中一直认为，关于这个世界，我还有很多不知道的地方。有一天我突然对这个公司产生了兴趣，然后机缘巧合，我有幸为这个公司写书。

通过这次采访，我也再次强烈地感受到，我对这个世界还是一无所知。随着采访的进行，让我吃惊的事情接踵而至。这个公司实现持续的成长是有原因的。

　　这家公司为什么能成长？简而言之，这是因为它每年都会向市场推出新的恋爱游戏。2013 年推出 6 款新游戏。而且，大部分都十分受欢迎。大型游戏公司有时一年只能推出一两款新游戏。像这样每年都推出人气很高的新游戏，几乎是不可能的，但是这家公司却做到了。

　　这是有理由的。这家公司有能够持续推陈出新的机制。

　　而且公司运营方式也十分独特。员工很努力，很享受工作。所以，这家公司能够通过恋爱游戏年收入 100 亿日元，并在东京证券市场上市。

　　这个公司叫作 Borutage，在面向女性的恋爱游戏市场中，有着很强的存在感。在竞争激烈的游戏行业，几乎没有公司可以和它匹敌。和男性相比，女性玩游戏的情况并不多，在这样的市场行情下，这个公司到底是如何开拓市场的呢？并且，是怎样吸引并保持用户的呢？本书将一一为您揭开谜底。

　　社会中人有一半是女性，智能手机的一半用

户也是女性。对以女性为目标开展商业活动的人来说，我认为 Borutage 公司的运营机制非常具有参考价值。

手机软件越来越重要，了解 Borutage 公司，可以帮助我们了解当今以及今后的手机软件时代。

我想，对广泛从事商务工作的人，以及考虑今后的时代管理方式的人来说，了解这家公司，一定很有意义。

读了之前逐条罗列的素材和读了全文的印象是不是大不一样？

开头几行是我自己惊奇的个人体验。恋爱游戏和年收入 100 亿日元的反差。

而且公司的建立是在社交游戏热潮到来之前。恋爱游戏的用户是普通女性。

我将自己吃惊的地方如实写了下来。

我不记得写这篇前言花了多长时间。根据字数来看，应该是 30 分钟左右吧。写的时候太投入，以至于忘了时间。

收集到自己**特别想分享**的素材时，就**可以很快写出来。**

正确的文章 "删减法"

收集了很多素材，文章也总算顺利写了出来，但是字数超了。

我写作经常会遇到这种情况。

▶▶ 重新审视 "读者" 和 "目的"

这种情况下，该怎么准确找出不太重要的素材，正确调整文章的 "量" 呢？

有两个要点。

- 根据素材的重要性来删除。
- 重新审视 "读者" 和 "目的"，然后再做判断。

千辛万苦写出来的文章，自己去删减，真的很难下手。

文章好不容易成型了，太不忍心将其破坏了。而且，不知道如何判断删除哪些素材比较合适。

关于这些问题，只要在写之前管理好素材就可以了。

不是重新看整篇文章，而是根据素材的重要程度来重新审视文章，删除重要度不高的素材，就可以轻松减少文章字数。

我举一个实例来给大家说明。这个例子是我投稿给一个网站的报道，题目是《奔驰为什么卖起了拉面？"充满活力的外资企业"系列之第 2 届奔驰日本篇》。

这篇采访报道是关于知名汽车品牌奔驰的。奔驰的日本公司为了提升业绩，居然使用了一种新的营销策略——卖拉面。

这篇报道字数有 5700 多，鉴于字数太多，这里割爱。

写这篇报道时准备的素材如下：

- 日本奔驰发售特制拉面，在网上引起轩然大波。
- 日本奔驰的业绩这几年特别好，连续四年创下最高纪录。
- 背景是营销策略的改革。
- 奔驰不再是"特定的人才能买得起的车"。

× ~~有时也会在大型购物商场进行车展。~~

× ~~也使用动漫进行电视广告的宣传。~~

- 改变人们对奔驰的固有印象。

- 当初德国总部是反对拉面计划的。

- 目的是让奔驰贴近人们的日常生活。

- 拉面计划成功后，已推行到其他 8 个国家和地区。

- 举办露天啤酒派对的计划，美酒和香车的组合很不寻常。

- 目的是让人们有不一样的体验。

- 拉面计划只是众多计划之一。

- 企划者在 17 年间，一直担任人事的工作。

- 使用拉面，消除人们对奔驰"高级感"的固有印象。

- 上司说，只要保证奔驰品质就好。

- 负责人事前是知道社长喜欢拉面的。

- 通过动漫广告来展示奔驰的世界观。

- 3 种拉面分别代表不同的意义。

- 成功制造话题，很多电视台争相采访。

- 为了买到活动期间限定的拉面，人们连日排起了长队。

- 虽然是外资企业，但是也很注重日本特色。

•春季计划也在实施。

▶▶ 将 5700 字删减为 4000 字的正确方法

接下来，如果让你把这 5700 字的文章删减为 4000 字，你会删除哪些素材呢？

这篇报道是连载报道之一，目的是让人们了解充满活力的外企的崭新战略机制。因此，我以"市场营销"为主题，选中了日本奔驰。

读者是 30 岁左右的商务人士，而且是来网站看商务新闻的。

30 岁人群大多喜欢拉面。所以"拉面"这个关键词不可或缺。而且，就"崭新性"而言，拉面也是非常吸引人的话题。

另外，这篇报道的投稿对象是商务媒体，不是娱乐媒体，更不是介绍饮食店的美食媒体，所以面的软硬和味道这些关于拉面本身的信息并不重要。

相反，关于为何实施拉面计划，这一背景要素不可缺少。

做到这些，字数还是不符合要求的话，就把话题集中在拉面上，拉面以外的奔驰市场营销论点可以删除。

就这样一点点集中要点，删除不需要的素材。

根据这个思路，将我画了删除线的部分删掉就可以了。

- 日本奔驰发售特制拉面，在网上引起轩然大波。

- 日本奔驰的业绩这几年特别好，连续四年创下最高纪录。

- 背景是营销策略的改革。

- 奔驰不再是"特定的人才能买得起的车"。

- ×~~有时也会在大型购物商场进行车展。~~

- ×~~也使用动漫进行电视广告的宣传。~~

- 改变人们对奔驰的固有印象。

- 当初德国总部是反对拉面计划的。

- 目的是让奔驰贴近人们的日常生活。

- 拉面计划成功后，已推行到其他 8 个国家和地区。

- ×~~举办露天啤酒派对的计划，美酒和香车的组合很不寻常。~~

- 目的是让人们有不一样的体验。

- 拉面计划只是众多计划之一。

- ×~~企划者在 17 年间，一直担任人事的工作。~~

- 使用拉面，消除人们对奔驰"高级感"的固有印象。

- 上司说，只要保证奔驰品质就好。

- 负责人事前是知道社长喜欢拉面的。

- 通过动漫广告来展示奔驰的世界观。

~~× 3 种拉面分别代表不同的意义~~

- 成功制造话题，很多电视台争相采访。

- 为了买到活动期间限定的拉面，人们连日排起了长队。

- 虽然是外资企业，但是也很注重日本特色。

- 春季计划也在实施。

10 分钟写出简单的企划书

　　为客户提供文娱活动的企划书，思考公司新开发业务的企划书，介绍新项目的企划书……在商务场合，经常需要写企划书。

　　然而，很多人并不擅长写企划书。

　　我也经常需要写采访委托书和企划书，简单的企划书我 10 分钟就可以搞定。

　　企划书基本上也是文章，所以思路是一样的。

　　必须搞清楚的是"读者"和"目的"。

　　你想让谁来读？你想让读者感受到什么？

▶▶ 根据"课题"和"课题的解决方法"来收集素材

　　我的经验是，写企划书的时候，用一句话来总结"企划的目的"就可以了。

要时刻记住"企划的目的"，以此来设定"课题"。

然后说明，"课题"可以通过这个企划来解决。

根据"课题"以及"课题的解决方法"来收集素材。

下面的例子是我之前采访人气家电品牌大松的企划书。

读者是出版社的编辑。

目的是向编辑展示出版这本书的必要性。

我设定的企划目的是解决"大松未解决的课题"。

内容如下：

- 了解大松的产品，却不了解大松。
- 为了解决这个课题，需要什么素材？
- 有很多人气商品。
- 热销的理由。
- 产品很出名，公司却并不知名。
- 希望商品被这一部分人使用。

根据这些要点，搜集关于"很多人气商品""热销的理由""这一部分人"的素材。写 300 字的企划书，大概就是这种思路。

为什么只有大松持续热销?

从吸尘器、电风扇到吹风机,大松席卷家电行业。大松的家电拥有独特的功能、新颖的设计和惊人的性能。

尽管价格贵得惊人,但是无论在哪个量贩店,大松都有很高的市场占有率。

在东西越来越便宜的时代,为什么大松可以做到呢?

另一方面,虽然在电视广告上经常看到,但是了解大松这个公司的人应该很少。虽然有部分人知道大松是英国的制造商,却很少有人知道它具体是什么样的公司。

于是,我经过多方面的采访和考察,写了一本关于大松的书。

希望喜爱大松产品的粉丝、感叹"为什么只有大松才能热销"的家电行业相关人员,以及好奇"大松为何能生产出那么新颖的商品"的各种商务人士,都能看一看这本书。

　　没有必要写很复杂的内容。只要意识到"课题"和"解决方法"，搞清楚"企划的目的"，据此来收集素材写下去，就可以写出一篇企划书。

20 分钟写出 500 字的书评

我以前曾受《编辑会议》杂志的委托，向一些年轻作者推荐图书，也就是写一些所谓的书评。只要事先想好素材、收集好素材，我只需 20 分钟就可以写出 500 字的书评。

我推荐的是泽木耕太郎先生的著作《不败者》。

> **读者：** 年轻作者
>
> **目的：** 劝诫 "年轻作者收集到好的素材时，
>
> 不要飘飘然"

我自己也有这样的体会，收集到特别好的文章素材时，想着 "读者肯定会大受感动"，于是写文章的时候就容易想当然。

对读者而言，作者自己觉得大受感动的素材，读者不一定也这样认为。在读者看来，作者只是把自己的感受强加给读者。

想要避免出现这样的问题，泽木先生的文章肯定会对大家大有裨益。

泽木先生的文章真的太棒了，读了之后完全没有厌恶感。泽木先生的文章读起来没有牵强附会的感觉，素材特别好，让人忍不住感动。

要写出这样的文章，泽木先生写的《不败者》就是特别好的参考。

接下来，为了实现文章目的，需要哪些素材？我在脑海中想象，如果读者就在我的眼前，我该如何陈述，然后据此挑出如下素材。

- 作者有时会飘飘然。
- 素材越有魅力，作者越容易想当然。
- 那么，该如何判断作者是否自以为是呢？
- 泽木先生的文章是很好的参考。
- 让人印象深刻的开头，让人忍不住感动的内容，一气呵成。
- 我也拜读过泽木先生的文章。

● "通过阅读来学习"的方法。

正式写出来的文章如下：

（主题目待定）

——荐书：《不败者》泽木耕太郎

作者很容易进入自己的世界，沉醉于文章内容。素材越有魅力，越容易陶醉其中，飘飘然。

作者自我陶醉在文章中，作为读者却觉得特别扫兴，应该有很多人曾经有过这样的经历。我认为，文章写得越好的人，自我陶醉的风险就越高。

那么，该如何判断一篇文章是不是作者自我陶醉写出来的文章呢？我认为泽木耕太郎先生的文章可以给我们很好的答案。

泽木耕太郎先生年轻时写的短篇集里，充满了他要表达的感情，但却完全不会给人强加于人的感觉，很多都是特别优秀的作品。而且，从让人印象深刻的开头，到让人忍不住感动的情节，文章一气呵成。

　　读者完全不会厌倦，能兴奋激动地一口气读到最后。

　　到底是怎样的文章结构和情节展开，才能达到这样的效果呢？为什么读起来很有趣呢？我还记得自己年轻时抱着这样的疑问，读了很多遍。找到喜欢的作者的短篇，反复阅读、学习，这会对你大有裨益。

我对自己觉得读者可能会稍微难以理解的素材加了一些说明，写成了 500 字的文章。

　　虽说是书评，但是写的也不一定是关于书的内容。

　　只要确定读者和目的，就有很多种写法。

　　如果是面向年轻的商务人士，题目可以定为《失败的劝诫》，也可以以面向女性的《男性的失败美学》为题目来写。

　　重要的是，文章内容要让读者受益。

　　只要意识到读者和目的，就可以从很多角度收集素材。

40 分钟写出 1000 字的专栏

周刊杂志《AERA》有一个以"改变"为主题的特辑，报道了我曾经工作过的大型人才招聘公司利库路德集团。

受《AERA》的委托，我执笔以《原利库路德集团职员·作者为您讲述改变的 DNA》为题写文章。杂志委托我以我的视角来写出利库路德集团不断改变的原因，文章字数 1000 字左右。

即使在商务场合，也经常需要写一些业界考察、分析竞争情况和总结现状的文章。

这种文章的读者一般是商务人士。但是，这次特辑的主题是"改变"，所以我将读者定为：

对改变和成长非常感兴趣的人。

对利库路德集团非常感兴趣的人。

我认为，只要文章内容抓住这一部分人感兴趣的点就可以了。

目的是，用我的观点向读者分析利库路德集团不断改变的原因。

我的观点是，利库路德集团并不是生来就对改变有很强适应能力的公司。而且，为了适应外界的改变，它在不断地努力。

以此为结论，收集素材。

这种情况下，我曾在利库路德集团工作过的实际经历就可以成为很好的素材。

- 我在利库路德集团任职期间，曾在公司的创立纪念派对上见过公司的创立者。
- 和我的想象完全不同，他看上去非常安静。
- 与其说是他的领导天赋创造了公司，倒不如说是他的想法和理念充满力量，正是这种力量创造了公司。
- 他的理念是"自己创造机会，改变自己"。
- "改变"成为社训。
- 招聘现场特别强烈地体现"改变"的意识。

- 最优秀的人才被送到人事部。

- 录用的基准是，是否对"改变"有很强的适应能力。

- 此外，员工进入公司后，被要求进一步"改变"。

- 新事业开发等举措进一步加速"改变"。

- 最近，总是在采访利库路德集团的员工。

- 利库路德集团成功上市，进行网络化改革，外在
发生了巨大改变，内在也发生了巨大改变。

- 去中国工作的日本员工把曾经的社训翻译成汉
语，发给中国员工。

- 继续努力地改变。

- 创业者留下的充满力量的话语，漂洋过海，被传
承发扬。

选取这些素材之后，我开始动笔，写出了以下的文章。

原利库路德集团职员·作者为您讲述改变的 DNA

我曾在利库路德集团工作过。在一次公司的
创立纪念派对上，创立者江副浩正先生也来参加
了。他身材不高，如果不告诉我的话，我绝不会

想到他就是江副先生。他怎么看也不像是浑身充满能量，散发领袖光辉的经营者。

我觉得江副先生之所以那么耀眼，是因为他在招聘时留下的话。他非常具有代表性的话就是作为社训的"自己创造机会，改变自己"。"改变"是公司的信条。

而且，我觉得招聘现场非常完美地践行了这句话。当时，我经常听说最优秀的人才会被送到人事部门。因为，用优秀人才才能吸引更多的优秀人才。这些来应聘的人才会被仔细审核，看他们是否对改变有很强的适应能力。讨厌改变、追求安定的人完全不适合这家公司。

原本就对改变有很强的适应能力的人才，进入公司后会被要求更大的"改变"。就这样，改变成为理所当然的文化。还有，为了提高创新意识，公司推行新事业开发竞赛等各种各样的举措，于是，"改变"的氛围越来越浓厚。

退休已经20年的我，于机缘巧合之下，在今年春天，有幸通过网络采访了这家公司中的5位中坚王牌员工。尽管"改变"的氛围依旧不变，但企业的规模和阵容发生了巨大变化，而且实现了网络化办公。大胆选拔人才的人事制度、科学的事业经营方式、理念型管理等，也发生了很大的变化。一切都宛如另外一个公司。

采访的时候，我从一个被派往中国工作的日本员工那里听到了有趣的故事。他将之前的社训翻译成中文，分发给中国员工。利库路德集团并不是毫无章法地改变。为了改变，它一直在不懈努力。而且创立者江副先生留下的充满力量的话语，已经漂洋过海，被传承发扬。

5 天写出一本 10 万字的书

我前面也提到过，作为作者，我每月写一本书，但并不是花一个月的时间写的。

大部分情况下，我会在月中旬完成粗略的初稿，然后在各种工作的夹缝时间仔细推敲，最后完成终稿，月末发送邮件，到此任务完成。这是我每月的流程，并不是说只写一本书。我还有其他连载的工作，也有很多采访。

那么，要说写书花了多少时间，那就是花 2 天时间整理素材；备好素材，花 4 ~ 5 天写一本。如果说 5 天写完一本书的话，可能会让人吃惊，但那是在整理好素材的情况下开始写的。

开始写的时候，文章的目录已经完成了，大概思路也有了。

关于如何整理素材，我会在后面的"便条素材管理法"

一节中，详细地说明。所谓素材，就是书的"零件"，如果"零件"的使用方法"设计图"能提前完成的话，5 天是可以完成一本书的。

　　编辑让我把写书的时间全部记下来。下面我向大家展示一下具体章节的每项内容大概用了多少时间。

第几天	具体写作时间	完成的内容
第 1 天	14 点～18 点	前言、序章
	20 点～23 点	第 1 章～第 2 章第 3 项
第 2 天	14 点～18 点 30 分	第 2 章第 4 项～第 3 章第 4 项
	20 点～23 点	第 3 章第 5～16 项
第 3 天	13 点～14 点	第 4 章～第 5 章第 3 项
	16 点～19 点	第 5 章第 4 项
	20 点～23 点	第 5 章第 5～11 项
第 4 天	14 点～16 点	第 6 章第 1～5 项
	19 点～21 点	第 6 章第 6～10 项
第 5 天	17 点～19 点	第 7 章
	20 点～22 点	第 8 章

总计 29 小时 30 分钟。按照 1 天花 7 小时来计算的话，大概用了 4 天时间。

▶▶ 可以写出 2000 字文章的人也可以写出 10 万字的书

一本书大约 10 万字。如果说 5 天写 10 万字，有人可能会吃惊，但是如果换个想法，可能就不会吃惊了。

我第一次接写书的工作时，听说一本书有 10 万字，吓了一跳，我真的能写那么多字吗？但是，在整理素材的时候，我突然注意到一点。如果改变想法的话，写一本 10 万字的书也不是什么大不了的事情。

并不是写 10 万字，只是**收集 50 篇 2000 字的初稿**。

一口气写 10 万字很难，但 2000 字的初稿大家肯定信手拈来。那么，写 50 篇 2000 字的初稿不就行了吗？

我写的书大多由大约 50 个小节组成。所谓**5 天写 10 万字**，就是**一天写 10 篇 2000 字的初稿**。

轻松写出长文章的 "便条素材管理法"

有时会写自己的著作，有时会为经营者等其他人写著作，这就是作者的工作。在这里先介绍后者。

之前也提到过，作者的工作之一，是通过长时间的采访引出素材。

我绝对不会凭空捏造没有的东西。总之，我写的内容都有据可循，是来自采访或者资料的。

很多情况下采访大约 10 个小时，要从各种角度引出话题。采访内容就是书的素材。

基本上，如果书的策划主题确定了下来，就可以制作采访目录，也就是采访时应该问的问题。

将其分成 5 部分，注意不要漏掉要问的问题。

约 10 个小时的采访内容会被交给听磁带公司。"听磁带"就是将声音数据打成文本。然后作者一边看这个文本，一边写书。

阅读 10 个小时的采访内容，工作量是相当大的。文本有 400 ～ 500 张 A4 纸那么多。我会花时间慢慢地读，根据文本内容确定书的目录。这个目录大多和采访前的目录不同。

另外，有时候编辑会定好书的目录，根据这个目录进行采访即可。

▶▶ 总结出 2000 字的素材

此时，需要注意的是**收集约 2000 字的素材**。如果收集了一些素材的话，注意素材要控制在 2000 字左右。

为什么呢？因为一本书有 **50 篇 2000 字的素材**就完成了。素材收集好之后，下一步是将其全部重新读一遍，一边整理素材，一边制作出书的"设计图"（目录）。

如果目录完成，就根据目录写下去。目录要用的素材就藏在厚厚的 400 ～ 500 张的 A4 纸中。

如果不整理素材就开始写的话，那每写一次都必须从厚厚的文件中寻找素材，这样效率就太低了。

于是，我发明了**"便条素材管理法"**。

使用便条来管理素材，将素材按类别分开。

比如，第 1 章定为粉色，第 2 章定为黄色，第 3 章就是绿色，等等。对照目录和厚厚的文件，在素材文件上贴上便条，用目录上对应的关键字进行标记。

这一步是最开始就要做的。利用便条分类后，第 1 章的素材就是文件中贴着粉色便条的部分。以此类推，第 2 章的就是贴着黄色便条的部分，第 3 章的就是贴着绿色便条的部分。

比如，把 50 个素材分成 5 章的，每章 10 个素材，那么在第 1 章中就有 10 个素材的关键字。

所以，从粉色便条中找出对应的关键字的部分，然后以此为基础写下去就可以了。

这样一来，"**设计图**"（目录）和"**零件**"（素材）都齐备了。写第 1 章时，只要查看粉色便条就可以了。因为每章的都有颜色区分，所以在写具体章节的时候，首先找到该章对应颜色的便条，便条上面写着对应章节的关键字，接着找到相应部分就可以了。

因为写着关键字，所以很快就能找到相应素材。除了厚厚的文件外，还可以用同样的方法管理各种资料，用于其他的写作素材。

　　我就是这样一口气把书写出来的。

　　在写书时，我会一边定目录，一边写出素材的内容。就像之前写的那样，用手机随时随地做笔记。

　　有时我也会拜托编辑采访我自己，把商讨时的内容录下来，作为素材。然后将这些录音转化成笔记或文本，打印出来后用"便条素材管理法"进行管理。

　　有时，写长文章也会用到"便条素材管理法"。

便条素材管理法

　　在笔记杂乱、资料众多的情况下，可以把文章适当地分成几部分，规定各部分的颜色，然后把相应颜色的便条贴在素材文件上。

比如1万字的初稿，分成5个部分，每个部分2000字。

写的时候，只要查看贴着相应颜色的便条的文件就可以了。

用"便条素材管理法"对素材进行管理，就不会出现边写边找，浪费时间的情况了。

此外，"便条素材管理法"可以让我们集中精力一口气写下去。特别是写长篇文章的初稿时，"便条素材管理法"很有用。

快速写作的行为习惯【实践篇】

◎ 文章的王道结构：结论—理由—具体实例—总结。

◎ 读者一无所知时，写作法参考 168 页的 5 步骤。

◎ 强调最想使用的素材，就可以把主旨轻松传达给
  读者。

◎ 删减文章时，根据素材的重要程度删减。

◎ 写超长文章时，将所有素材以 2000 字为单位进
  行分块。

◎ 利用"便条素材管理法"把握素材的位置和数量。

结语

　　"一想到要写东西，就心情郁闷。"

　　经常听到很多人这样诉苦。

　　我在本书的前言中也提到过，写作需求飞速增长的今天，对不擅长写文章的人来说，可能是一个更加有压力的时代。

　　我觉得学校的国语教育是很多人不擅长写文章的一个重要原因。

　　简而言之，学校的国语教育并没有告诉我们**"文学"和"实用性文章"的界限**。

　　教科书中全是那些小说家、散文家和诗人的晦涩难懂的文章，还常常要求学生对其进行解释。大家对这些文章的印象是不是都是如下这样的？

　　• *文章很难，很高深。*

- 文章是有才华的人写的。
- 只有表现力丰富的文章才是好文章。

我完全没有否定文学性的文章，我也读过很多小说。

但是，文学性的文章说到底只是文学的"学问"之一，和社会上的实用性文章是两码事。真的希望学校的国语教育能告诉我们这个道理。我曾经也很害怕写文章，不擅长写文章，所以强烈地感受到了这一点。

而且，我从事写作工作已有 20 多年，我从经验中得出一个结论：文章是可以轻松写、轻松使用的东西。

写文章不用卖关子，也不用摆架子。想传达的事情能传达给读者就好了。

- 文章写得漂亮与否并不重要。
- 文章只不过是交流工具之一。
- 重要的是内容，也就是构成内容的"素材"。

我认为注意到这一点的人才是"喜欢写文章的人"，将想传达的事情如实写下来，知道传达的喜悦的人。换言之，就是"不把写文章本身当作目的的人"。

我自己也是这样的人，所以，以前头疼的文章现在也可以写了。写文章时，放松心情就好了。仅仅是注意到这一点，就可以减轻写文章的消极情绪。而且，我认为，写的速度也一定会变快。

最后，在出版本书时，承蒙出版社的今野良介先生的关照。多亏您的提点，我总结的"快速写作术"才可以很好地实现"可视化"。在您的大力协助下，本书才得以完成。再次表示感谢。

另外，我之所以能完成本书，是因为至今为止获得了很多"写作"的机会。借此机会，谨向至今为止给予我写作机会的所有人致谢。

谨以此书，希望可以为想快点写文章的人、不擅长写文章的人、想稍微提高工作效率的人，尽绵薄之力。